Kniha o Sous-Vide
Od základů k mistrovství v kuchyni

Jan Novák

Index

kuřecí vývar	10
Cibulová omáčka Pomodoro	11
Pepřové pyré	12
Jalapeno koření	13
Hovězí polévka	15
Česneková bazalka Rub	17
Medový a cibulový balzamikový dresink	18
Rajčatová omáčka	19
Zásoba mořských plodů	20
rybí polévka	21
Dresink z chřestu	22
Zeleninový vývar	24
Česnekový sýr Tabasco Edamame	26
Herby sněhové hráškové pyré	27
Šalvějová restovaná bramborová kaše	29
Chřest na másle s tymiánem a sýrem	31
Lahodný pastinák s medovou polevou	32
Sendvič s rajčatovou smetanou a sýrem	33
Salát z javorové řepy s kešu oříšky a Queso Fresco	35
Sladká paprika s květákem	37
Podzimní dýňová krémová polévka	39
Polévka z bramborového celeru a pórku	41
Zelený salát s citronem a brusinkami	43
Citrusová kukuřice s rajčatovou omáčkou	44

Zázvorová růžičková kapusta Tamari se sezamem 46
Salát z řepy a špenátu 48
Zelený česnek s mátou 50
Růžičková kapusta na bílém víně 52
Salát z červené řepy a kozího sýra 53
Květáková brokolicová polévka 55
Máslový hrášek s mátou 57
Růžičková kapusta ve sladkém sirupu 58
Ředkvičky s bylinkovým sýrem 60
Balsamico dušené zelí 61
Pošírované rajče 62
Ratatouille 63
Rajská polévka 65
Dušená červená řepa 67
Lilkové lasagne 68
Houbová polévka 70
Vegetariánské rizoto s parmazánem 72
Zelená polévka 73
Míchaná zeleninová polévka 75
Uzená paprika Veggie Wontons 77
Miso miso z quinoi a celeru 79
Salát s ředkvičkou a bazalkou 81
Směs pepře 82
Quinoa z koriandrové kurkumy 83
Oregano bílé fazole s 84
Bramborový a datlový salát 85
Papriková krupice 87

Směs hroznové zeleniny	88
Mátová miska s cizrnou a houbami	89
Zeleninová caponata	91
Dušený mangold s limetkou	92
Mash z kořenové zeleniny	93
Zelí a paprika v rajčatové omáčce	94
Pokrm z čočky a rajčat	95
Rýžový pilaf s paprikou a rozinkami	96
Jogurtová polévka s kmínem	97
Máslový letní squash	99
Kari nektarinkové chutney	101
Hnědý bramborový konfit s rozmarýnem	103
Kari hrušky a kokosový krém	104
Měkká brokolicová kaše	105
Lahodné datle a mangové chutney	106
Salát z mandarinek a zelených fazolí s vlašskými ořechy	108
Krém ze zeleného hrášku s muškátovým oříškem	109
Snadné brokolicové pyré	110
Polévka s červeným chilli a brokolicí	111
Pimento miso kukuřice se sezamem a medem	113
Krémové noky s hráškem	115
Salát s medovým jablkem a rukolou	116
Krabí maso s limetkovou máslovou omáčkou	118
Rychlý losos severní cestou	119
Lahodný pstruh s hořčicí a tamari omáčkou	120
Sezamový tuňák se zázvorovou omáčkou	121
Božský česnek Lemon Crab Rolls	123

Pikantní smažená chobotnice s citronovou omáčkou 125

Kreolské špízy s krevetami 127

Krevety s pikantní omáčkou 129

Mořský list se šalotkou a estragonem 130

Bylinné máslo z tresky citronové 132

Odfrkněte si s Beurre Nantaisem 134

Tuňákové vločky 136

Hřebenatky na másle 137

Mátové sardinky 138

Pražma na bílém víně 139

Salát z lososa a kapusty s avokádem 140

Zázvorový losos 142

Mušle v čerstvé limetkové šťávě 143

Steaky z tuňáka marinované s bylinkami 144

Placičky z krabího masa 146

Chilli taveniny 148

Marinované filety ze sumce 150

Petrželové krevety s citronem 152

Sous Vide halibut 153

Podrážka s citronovým máslem 155

Bazalkový guláš 157

Jednoduchá tilapie 158

Losos s chřestem 159

Makrela na kari 160

Chobotnice s rozmarýnem 161

Smažené citronové krevety 162

Grilovaná chobotnice 163

Steaky z divokého lososa 165
Guláš z tilapie 166
Máslové škeble s kuličkami pepře 168
Koriandrový pstruh 170
Kroužky olihně 171
Chilli salát s krevetami a avokádem 172
Máslové červené listové těsto s citrusovou šafránovou omáčkou
 174
Filet z tresky v sezamové krustě 176
Smetanový losos se špenátem a hořčičnou omáčkou 178
Pepřové mušle s čerstvým salátem 180
Lahodné mušle s mangem 182
Pórek a krevety s hořčičným vinaigrettem 184
Kokosová polévka s krevetami 186
Medový losos s nudlemi Soba 188
Gurmánský humr s majonézou 190
Party koktejl s krevetami 192
Herby Lemon Losos 194
Ocasy slaného másla humra 196
Thajský losos s květákem a vaječnými nudlemi 197
Světlý mořský okoun s koprem 199
Sladká chilli kreveta restovaná 200
Ovocné thajské krevety 202
Citronové krevety v dublinském stylu 204
Šťavnaté mušle s chilli česnekovou omáčkou 206
Kari krevety s nudlemi 208
Lahodná krémová treska s petrželkou 209

Francouzský Pot de Rillettes s lososem 211
Šalvějový losos s kokosovou bramborovou kaší 212
Miska na chobotnici Dill Baby 214
Solený losos v holandské omáčce 215
Nádherný citronový losos s bazalkou 217

kuřecí vývar

Doba přípravy + vaření: 12 hodin 25 minut | Stravování: 3

Ingredience:

2 lb kuře, libovolné části - stehna, prsa
5 šálků vody
2 celerové tyčinky, nakrájené
2 bílé cibule, nakrájené

instrukce:

Udělejte vodní lázeň, umístěte do ní Sous Vide a nastavte ji na 194 F. Rozdělte všechny ingredience do 2 vakuových sáčků, horní část sáčku 2-3krát přeložte. Umístěte do vodní lázně. Nastavte časovač na 12 hodin.

Když se časovač zastaví, vyjměte sáčky a přeneste ingredience do hrnce. Suroviny vařte na vysoké teplotě po dobu 10 minut. Vypněte teplo a sceďte. Vývar použijte jako základ polévky.

Cibulová omáčka Pomodoro

Doba přípravy + vaření: 30 minut | Stravování: 4

Ingredience

4 šálky rajčat, rozpůlených a zbavených jader

½ cibule, nakrájená

½ lžičky cukru

¼ šálku čerstvého oregana

2 stroužky česneku, nakrájené

Sůl a černý pepř podle chuti

5 lžic olivového oleje

instrukce:

Připravte si vodní lázeň a umístěte do ní Sous Vide. Nastavte na 175 F. Umístěte rajčata, oregano, česnek, cibuli a cukr do vakuově uzavíratelného sáčku. Uvolněte vzduch pomocí metody vytlačení vody, utěsněte a ponořte sáček do vodní lázně. Vařte 15 minut.

Když se časovač zastaví, vyjměte sáček a přeneste obsah do mixéru a mixujte 1 minutu, dokud nebude hladký. Vršek posypte černým pepřem.

Pepřové pyré

Doba přípravy + vaření: 40 minut | Stravování: 4

Ingredience:

8 červených paprik bez semen
⅓ šálku olivového oleje
2 lžíce citronové šťávy
3 stroužky česneku, rozdrcené
2 lžičky sladké papriky

instrukce:

Udělejte vodní lázeň a umístěte do ní Sous Vide a nastavte na 183 F. Vložte papriku, česnek a olivový olej do vakuově uzavíratelného sáčku. Uvolněte vzduch pomocí metody vytlačení vody, uzavřete a ponořte sáčky do vodní lázně. Nastavte časovač na 20 minut a vařte.

Když se časovač zastaví, vyjměte sáček a otevřete jej. Přesuňte papriku a česnek do mixéru a rozmixujte dohladka. Umístěte pánev na střední teplotu; přidejte pyré a zbytek ingrediencí. Vařte 3 minuty. Podávejte teplé nebo studené jako dip.

Jalapeno koření

Doba přípravy + vaření: 70 minut | Stravování: 6

Ingredience:

2 papričky jalapeňo
2 zelené chilli papričky
2 stroužky česneku, rozdrcené
1 cibule, pouze oloupaná
3 lžičky prášku z oregana
3 lžičky prášku z černého pepře
2 lžičky rozmarýnového prášku
10 čajových lžiček anýzového prášku

Instrukce

Udělejte vodní lázeň, umístěte do ní Sous Vide a nastavte ji na 185 F. Vložte papriku a cibuli do vakuově uzavíratelného sáčku. Uvolněte vzduch pomocí metody vytlačení vody, utěsněte a ponořte sáček do vodní lázně. Nastavte časovač na 40 minut.

Když se časovač zastaví, vyjměte a otevřete sáček. Papriku a cibuli přendejte do mixéru se 2 lžícemi vody a rozmixujte dohladka.

Hrnec dejte na mírný oheň, přidejte paprikovou pastu a zbytek ingrediencí. Vařte 15 minut. Vypněte teplo a ochlaďte. Uchovávejte v kořence, v chladničce a spotřebujte do 7 dnů. Použijte jej jako koření.

Hovězí polévka

Doba přípravy + vaření: 13 hodin 25 minut | Stravování: 6

Ingredience:

3 lb hovězí stehno

1 ½ lb hovězích kostí

½ lb mletého hovězího masa

5 šálků rajčatové pasty

6 sladkých cibulí

3 hlavy česneku

6 lžic černého pepře

5 snítek tymiánu

4 bobkové listy

10 šálků vody

instrukce:

Předehřejte troubu na 425 F. Vložte hovězí kosti a hovězí nohy do pekáče a potřete rajčatovou pastou. Přidejte česnek a cibuli. Odložit stranou. Do jiné pánve dejte mleté maso a rozdrobte ho. Plechy vložte do trouby a pečte do tmavě hnědé barvy.

Když je upečený, slijeme tuk z pánví. Ve velké misce udělejte vodní lázeň, vložte do ní Sous Vide a nastavte na 195 F. Oddělte mleté hovězí maso, pečenou zeleninu, černý pepř, tymián a bobkové listy do 3 vakuových sáčků. Pánve vylijte vodou a přidejte ji do sáčků. Přeložte horní část sáčků 2 až 3krát.

Vložte sáčky do vodní lázně a připevněte je na Sous Vide pánev. Nastavte časovač na 13 hodin. Když se časovač zastaví, vyjměte sáčky a přeneste ingredience do hrnce. Ingredience přiveďte k varu na vysoké teplotě. Vařte 15 minut. Vypněte teplo a sceďte. Vývar použijte jako základ polévky.

Česneková bazalka Rub

Doba přípravy + vaření: 55 minut | Stravování: 15

Ingredience:

2 hlavy česneku, rozdrcené
2 lžíce olivového oleje
Špetka soli
1 hlava fenyklu, nakrájená
2 citrony, oloupané a odšťavněné
¼ cukru
25 lístků bazalky

instrukce:

Udělejte vodní lázeň, umístěte do ní Sous Vide a nastavte ji na 185 F. Vložte fenykl a cukr do vakuově uzavíratelného sáčku. Uvolněte vzduch pomocí metody vytlačení vody, utěsněte a ponořte sáček do vodní lázně. Nastavte časovač na 40 minut. Když se časovač zastaví, vyjměte a otevřete sáček.

Fenykl, cukr a zbytek uvedených surovin přendejte do mixéru a rozmixujte na pyré. Uchovávejte v nádobě na koření a používejte až jeden týden v chladničce.

Medový a cibulový balzamikový dresink

Doba přípravy + vaření: 1 hodina 55 minut | Porce: 1)

Ingredience

3 sladké cibule, nakrájené
1 lžíce másla
Sůl a černý pepř podle chuti
2 lžíce balzamikového octa
1 polévková lžíce medu
2 lžičky lístků čerstvého tymiánu

Instrukce

Připravte si vodní lázeň a umístěte do ní Sous Vide. Nastaveno na 186F.

Rozpalte pánev s máslem na střední teplotu. Přidejte cibuli, dochuťte solí a pepřem a vařte 10 minut. Přidejte balzamikový ocet a vařte 1 minutu. Sundejte z plotny a nalijte med.

Směs vložte do vakuově uzavíratelného sáčku. Uvolněte vzduch pomocí metody vytlačení vody, utěsněte a ponořte sáček do vodní lázně. Vařte 90 minut. Když se časovač zastaví, vyjměte sáček a přeneste jej na talíř. Ozdobte čerstvým tymiánem. Podávejte s pizzou nebo sendvičem.

Rajčatová omáčka

Doba přípravy + vaření: 55 minut | Stravování: 4

Ingredience:

1 (16 uncí) plechovka rajčat, drcená
1 malá bílá cibule, nakrájená na kostičky
1 šálek čerstvých lístků bazalky
1 lžíce olivového oleje
1 stroužek česneku, rozdrcený
Sůl podle chuti
1 bobkový list
1 červené chilli

instrukce:

Udělejte vodní lázeň, umístěte do ní Sous Vide a nastavte ji na 185 F. Všechny uvedené ingredience vložte do vakuově uzavřeného sáčku. Uvolněte vzduch pomocí metody vytlačení vody, utěsněte a ponořte sáček do vodní lázně. Nastavte časovač na 40 minut. Když se časovač zastaví, vyjměte a otevřete sáček. Bobkový list vyhoďte a zbylé ingredience přesuňte do mixéru a rozmixujte dohladka. Podáváme jako přílohu.

Zásoba mořských plodů

Doba přípravy + vaření: 10 hodin 10 minut | Stravování: 6

Ingredience:

1 lb krevetové skořápky s hlavami a ocasy
3 šálky vody
1 lžíce olivového oleje
2 lžičky soli
2 snítky rozmarýnu
½ hlavy česneku, rozdrceného
½ šálku celerových listů, nakrájených

instrukce:

Udělejte vodní lázeň, vložte do ní Sous Vide a nastavte ji na 180 F. Nalijte krevety olivovým olejem. Vložte krevety se zbytkem uvedených surovin do vakuově uzavřeného sáčku. Uvolněte vzduch, utěsněte a ponořte sáček do vodní lázně a nastavte časovač na 10 hodin.

rybí polévka

Doba přípravy + vaření: 10 hodin 15 minut | Stravování: 4

Ingredience:

5 šálků vody

½ lb rybího filé, kůže

1 lb rybí hlavy

5 středně zelených cibulí

3 sladké cibule

¼ lb černé mořské řasy (Kombu)

instrukce:

Udělejte vodní lázeň, umístěte do ní Sous Vide a nastavte ji na 194 F. Všechny výše uvedené ingredience rovnoměrně rozdělte do 2 vakuových sáčků, horní část sáčku 2x přeložte. Umístěte je do vodní lázně a připojte je k nádobě Sous Vide. Nastavte časovač na 10 hodin.

Když se časovač zastaví, vyjměte sáčky a přeneste ingredience do hrnce. Suroviny vařte na vysoké teplotě po dobu 5 minut. Vypněte teplo a sceďte. Uchovávejte v chladničce a spotřebujte do 14 dnů.

Dresink z chřestu

Doba přípravy + vaření: 30 minut | Stravování: 2

Ingredience

1 svazek velkého chřestu

Sůl a černý pepř podle chuti

¼ šálku olivového oleje

1 lžička dijonské hořčice

1 lžička kopru

1 lžička červeného vinného octa

1 vejce natvrdo, nakrájené

Čerstvá petržel, nasekaná

Instrukce

Připravte si vodní lázeň a umístěte do ní Sous Vide. Nastaveno na 186F.

Spodní část chřestu odřízněte a vyhoďte.

Oloupejte spodní část stonku a vložte do vakuově uzavřeného sáčku. Uvolněte vzduch pomocí metody vytlačení vody, utěsněte a ponořte sáček do vodní lázně. Vařte 15 minut.

Když se časovač zastaví, vyjměte sáček a přeneste jej do ledové lázně. Oddělte šťávy z vaření. Smíchejte olivový olej, ocet a hořčici v misce vinaigrette; dobře promíchejte. Dochuťte solí a přendejte do zavařovací sklenice. Uzavřete a protřepejte, dokud se dobře nespojí. Navrch posypeme petrželkou, vejcem a vinaigrette.

Zeleninový vývar

Doba přípravy + vaření: 12 hodin 35 minut | Počet porcí: 10)

Ingredience:

1 ½ šálku celeru, nakrájeného na kostičky
1 ½ šálku nakrájeného pórku
½ šálku nakrájeného fenyklu
4 stroužky česneku, rozdrcené
1 lžíce olivového oleje
6 šálků vody
1 ½ šálku hub
½ šálku nasekané petrželky
1 lžíce kuliček černého pepře
1 bobkový list

instrukce:

Udělejte vodní lázeň, vložte do ní Sous Vide a nastavte ji na 180 F. Předehřejte troubu na 450 F. Do mísy dejte pórek, celer, fenykl, česnek a olivový olej. Vyhoďte je. Vložíme je do zapékací mísy a vložíme do trouby. Pečte 20 minut.

Opečenou zeleninu se šťávou, vodou, petrželkou, kuličkami pepře, žampiony a bobkovým listem dáme do vakuově uzavřeného sáčku.

Uvolněte vzduch, utěsněte a ponořte sáček do vodní lázně a nastavte časovač na 12 hodin. Mísu vodní lázně zakryjte plastovým obalem, aby se snížilo odpařování, a vodu do vany průběžně přidávejte, aby zelenina zůstala zakrytá.

Když se časovač zastaví, vyjměte a otevřete sáček. Ingredience přecedíme. Uchovávejte v chladničce a používejte zmrazené po dobu až 1 měsíce.

Když se časovač zastaví, vyjměte a otevřete sáček. Ingredience přecedíme. Uchovávejte v chladničce a používejte zmrazené po dobu až 2 týdnů.

Česnekový sýr Tabasco Edamame

Doba přípravy + vaření: 1 hodina 6 minut | Stravování: 4

Ingredience

1 lžíce olivového oleje

4 šálky čerstvého eidamu v luscích

1 lžička soli

1 stroužek česneku, nasekaný

1 lžíce vloček červené papriky

1 polévková lžíce omáčky Tabasco

Instrukce

Připravte si vodní lázeň a umístěte do ní Sous Vide. Nastaveno na 186F.

Zahřejte hrnec s vodou na vysokou teplotu a blanšírujte eidamové hrnce po dobu 60 sekund. Sceďte je a přendejte do ledové vodní lázně. Smíchejte česnek, vločky červené papriky, omáčku Tabasco a olivový olej.

Vložte edamame do vakuově uzavíratelného sáčku. Doplňte omáčkou Tabasco. Uvolněte vzduch pomocí metody vytlačení vody, utěsněte a ponořte sáček do vodní lázně. Vařte 1 hodinu. Když se časovač zastaví, vyjměte sáček, přeneste jej do misky a podávejte.

Herby sněhové hráškové pyré

Doba přípravy + vaření: 55 minut | Stravování: 6

Ingredience

½ šálku zeleninového vývaru

1 libra čerstvého sněhového hrášku

Kůra z 1 citronu

2 lžíce nasekané čerstvé bazalky

1 lžíce olivového oleje

Sůl a černý pepř podle chuti

2 lžíce nasekané čerstvé pažitky

2 lžíce nasekané čerstvé petrželky

¾ lžičky česnekového prášku

Instrukce

Připravte si vodní lázeň a umístěte do ní Sous Vide. Nastaveno na 186F.

Smíchejte hrášek, citronovou kůru, bazalku, olivový olej, černý pepř, pažitku, petržel, sůl a česnekový prášek a vložte do uzavíratelného sáčku. Uvolněte vzduch pomocí metody vytlačení vody, utěsněte a ponořte sáček do vodní lázně. Vařte 45 minut. Když se časovač zastaví, vyjměte sáček a přeneste jej do mixéru a dobře promíchejte.

Šalvějová restovaná bramborová kaše

Doba přípravy + vaření: 1 hodina 35 minut | Stravování: 6

Ingredience

¼ šálku másla

12 sladkých brambor, neloupaných

10 stroužků česneku, nasekaných

4 lžičky soli

6 lžic olivového oleje

5 snítek čerstvé šalvěje

1 lžička papriky

Instrukce

Připravte si vodní lázeň a umístěte do ní Sous Vide. Nastaveno na 192F.

Smíchejte brambory, česnek, sůl, olivový olej a 2 nebo 3 snítky jarního tymiánu a vložte do vakuově uzavíratelného sáčku. Uvolněte vzduch pomocí metody vytlačení vody, utěsněte a ponořte sáček do vodní lázně. Vařte 1 hodinu a 15 minut.

Předehřejte troubu na 450 F. Když se časovač zastaví, vyjměte brambory a přeneste je do mísy. Oddělte šťávy z vaření.

Brambory dobře promíchejte s máslem a zbytkem šalvěje. Přendáme na plech, který jsme předtím vyložili alobalem. Uprostřed brambor udělejte důlek a nalijte do něj šťávu z vaření. Brambory pečte 10 minut, po 5 minutách je obraťte. Vyhoďte šalvěj. Přendáme na talíř a podáváme posypané paprikou.

Chřest na másle s tymiánem a sýrem

Doba přípravy + vaření: 21 minut | Stravování: 6

Ingredience

¼ šálku strouhaného sýra Pecorino Romano
16 uncí čerstvého chřestu, nakrájeného na plátky
4 lžíce másla, nakrájené na kostičky
Sůl podle chuti
1 stroužek česneku, nasekaný
1 polévková lžíce tymiánu

Instrukce

Připravte si vodní lázeň a umístěte do ní Sous Vide. Nastaveno na 186F.

Vložte chřest do vakuově uzavřeného sáčku. Přidejte kostky másla, česnek, sůl a tymián. Uvolněte vzduch pomocí metody vytlačení vody, utěsněte a ponořte sáček do vodní lázně. Vařte 14 minut.

Když se časovač zastaví, vyjměte sáček a přendejte chřest na talíř. Pokapeme trochou šťávy z vaření. Ozdobte sýrem Pecorino Romano.

Lahodný pastinák s medovou polevou

Doba přípravy + vaření: 1 hodina 8 minut | Stravování: 4

Ingredience

1 libra pastináku, oloupaného a nakrájeného
3 lžíce másla
2 lžíce medu
1 lžička olivového oleje
Sůl a černý pepř podle chuti
1 lžíce nasekané čerstvé petrželky

Instrukce

Připravte si vodní lázeň a umístěte do ní Sous Vide. Nastaveno na 186F.

Pastinák, máslo, med, olivový olej, sůl a pepř vložte do vakuově uzavíratelného sáčku. Uvolněte vzduch pomocí metody vytlačení vody, utěsněte a ponořte sáček do vodní lázně. Vařte 1 hodinu.

Zahřejte pánev na střední teplotu. Když se časovač zastaví, vyjměte sáček a přeneste obsah do pánve a vařte 2 minuty, dokud tekutina nezesklovatí. Přidejte petržel a rychle promíchejte. Sloužit.

Sendvič s rajčatovou smetanou a sýrem

Doba přípravy + vaření: 55 minut | Stravování: 8)

Ingredience

½ šálku smetanového sýra

2 kilogramy rajčat nakrájených na kolečka

Sůl a černý pepř podle chuti

2 lžíce olivového oleje

2 stroužky česneku, nakrájené

½ lžičky nasekané čerstvé šalvěje

⅛ lžičky červené papriky

½ lžičky bílého vinného octa

2 lžíce másla

4 krajíce chleba

2 plátky sýra halloumi

Instrukce

Připravte si vodní lázeň a umístěte do ní Sous Vide. Nastavte na 186 F. Umístěte rajčata do cedníku nad misku a dochuťte solí. Dobře promíchejte. Nechte 30 minut vychladnout. Šťávy vyhoďte. Smíchejte olivový olej, česnek, šalvěj, černý pepř, sůl a vločky pepře.

Vložte do vakuově uzavíratelného sáčku. Uvolněte vzduch pomocí metody vytlačení vody, utěsněte a ponořte sáček do vodní lázně. Vařte 40 minut.

Když se časovač zastaví, vyjměte sáček a přeneste jej do mixéru. Přidejte ocet a smetanový sýr. Rozmixujte do hladka. Přendejte na talíř a v případě potřeby dochuťte solí a pepřem.

Příprava sýrových tyčinek: Zahřejte pánev na střední teplotu. Plátky chleba potřete máslem a vložte je do pánve. Na chléb položte plátky sýra a položte je na další chléb namazaný máslem. Smažte 1-2 minuty. Opakujte se zbývajícím chlebem. Nakrájejte na kostky. Podávejte nad teplou polévkou.

Salát z javorové řepy s kešu oříšky a Queso Fresco

Doba přípravy + vaření: 1 hodina 35 minut | Stravování: 8)

Ingredience

6 velkých řep, oloupaných a nakrájených na kousky

Sůl a černý pepř podle chuti

3 lžíce javorového sirupu

2 lžíce másla

Kůra z 1 velkého pomeranče

1 lžíce olivového oleje

½ lžičky kajenského pepře

1½ šálku kešu ořechů

6 šálků rukoly

3 mandarinky, oloupané a nakrájené na kousky

1 šálek queso fresky, rozdrobený

Instrukce

Připravte si vodní lázeň a umístěte do ní Sous Vide. Nastaveno na 186F.

Vložte kousky řepy do vakuově uzavíratelného sáčku. Dochuťte solí a pepřem. Přidejte 2 lžíce javorového sirupu, máslo a pomerančovou kůru. Uvolněte vzduch pomocí metody vytlačení vody, utěsněte a ponořte sáček do vodní lázně. Vařte 1 hodinu a 15 minut.

Předehřejte troubu na 350 F.

Smíchejte zbývající javorový sirup, olivový olej, sůl a kajenský pepř. Přidejte kešu a dobře promíchejte. Směs kešu oříšků dáme do pekáčku, který jsme předtím přikryli voskovanou paprikou a pečeme 10 minut. Odstavte a nechte vychladnout.

Když se časovač zastaví, vyjměte řepu a vylijte šťávu z vaření. Na servírovací talíř položte rukolu, navrch řepu a plátky mandarinky. Pro podávání posypte směsí queso fresco a kešu.

Sladká paprika s květákem

Doba přípravy + vaření: 52 minut | Stravování: 5

Ingredience

½ šálku strouhaného sýra Provolone

1 hlávka květáku, řezané květy

2 stroužky česneku, nakrájené

Sůl a černý pepř podle chuti

2 lžíce másla

1 lžíce olivového oleje

½ velké červené papriky, nakrájené na proužky

½ velké žluté papriky, nakrájené na proužky

½ velké oranžové papriky nakrájené na proužky

Instrukce

Připravte si vodní lázeň a umístěte do ní Sous Vide. Nastaveno na 186F.

Dobře promíchejte růžičky květáku, 1 stroužek česneku, sůl, pepř, polovinu másla a polovinu olivového oleje.

V jiné misce smíchejte papriku, zbývající česnek, zbývající sůl, pepř, zbývající máslo a zbývající olivový olej.

Květák vložte do vakuově uzavíratelného sáčku. Papriky vložte do dalšího vakuově uzavíratelného sáčku. Uvolněte vzduch pomocí metody vytlačení vody, uzavřete a ponořte sáčky do vodní lázně. Vařte 40 minut.

Když se časovač zastaví, vyjměte sáčky a přeneste obsah do servírovací misky. Šťávy z vaření vyhoďte. Zeleninu promícháme a posypeme sýrem Provolone.

Podzimní dýňová krémová polévka

Doba přípravy + vaření: 2 hodiny 20 minut | Stravování: 6

Ingredience

¾ šálku husté smetany

1 zimní dýně, nakrájená

1 velká hruška

½ žluté cibule, nakrájené na kostičky

3 snítky čerstvého tymiánu

1 stroužek česneku, nasekaný

1 lžička mletého kmínu

Sůl a černý pepř podle chuti

4 lžíce crème fraîche

Instrukce

Připravte si vodní lázeň a umístěte do ní Sous Vide. Nastaveno na 186F.

Smíchejte dýni, hrušku, cibuli, tymián, česnek, kmín a sůl. Vložte do vakuově uzavíratelného sáčku. Uvolněte vzduch pomocí metody vytěsňování vody, utěsněte a ponořte do vodní lázně. Vařte 2 hodiny.

Když se časovač zastaví, vyjměte sáček a přeneste veškerý obsah do mixéru. Pyré do hladka. Přidejte smetanu a dobře promíchejte. Dochuťte solí a pepřem. Směs přendejte do servírovacích misek a posypte trochou crème fraiche. Ozdobte střepy hrušek.

Polévka z bramborového celeru a pórku

Příprava + doba vaření: 2 hodiny 15 minut | Stravování: 8)

Ingredience

8 lžic másla

4 červené brambory, nakrájené na plátky

1 žlutá cibule, nakrájená na ¼-palcové kousky

1 řapíkatý celer, nakrájený na ½-palcové kousky

4 šálky ½-palcového nakrájeného pórku, pouze bílé části

1 hrnek zeleninového vývaru

1 mrkev, nakrájená

4 stroužky česneku, nakrájené

2 bobkové listy

Sůl a černý pepř podle chuti

2 šálky husté smetany

¼ šálku nasekané čerstvé pažitky

Instrukce

Připravte si vodní lázeň a umístěte do ní Sous Vide. Nastaveno na 186F.

Brambory, mrkev, cibuli, celer, pórek, zeleninový vývar, máslo, česnek a bobkový list vložte do vakuově uzavíratelného sáčku.

Uvolněte vzduch pomocí metody vytlačení vody, utěsněte a ponořte sáček do vodní lázně. Vařte 2 hodiny.

Když se časovač zastaví, vyjměte sáček a přeneste jej do mixéru. Bobkové listy vyhoďte. Obsah promícháme a dochutíme solí a pepřem. Pomalu přilévejte smetanu a mixujte 2-3 minuty do hladka. Obsah sceďte a před podáváním ozdobte pažitkou.

Zelený salát s citronem a brusinkami

Doba přípravy + vaření: 15 minut | Stravování: 6

Ingredience

6 šálků čerstvé límcové zeleniny se stonky
6 lžic olivového oleje
2 stroužky česneku, rozdrcené
4 lžíce citronové šťávy
½ lžičky soli
¾ šálku sušených brusinek

Instrukce

Připravte si vodní lázeň a umístěte do ní Sous Vide. Nastavte na 196 F. Zeleninu promíchejte se 2 lžícemi olivového oleje. Vložte jej do vakuově uzavíratelného sáčku. Uvolněte vzduch pomocí metody vytlačení vody, utěsněte a ponořte sáček do vodní lázně. Vařte 8 minut.

Smíchejte zbývající olivový olej, česnek, citronovou šťávu a sůl. Když se časovač zastaví, vyjměte zeleninu a přesuňte ji na servírovací talíř. Pokapejte dresinkem. Ozdobte brusinkami.

Citrusová kukuřice s rajčatovou omáčkou

Doba přípravy + vaření: 55 minut | Stravování: 8)

Ingredience

⅓ šálku olivového oleje

4 klasy žluté kukuřice, loupané

Sůl a černý pepř podle chuti

1 velké rajče, nakrájené na plátky

3 lžíce citronové šťávy

2 stroužky česneku, nakrájené

1 serrano pepř, bez pecek

4 žárovky, pouze zelené části, nakrájené na plátky

½ svazku čerstvých lístků koriandru, nasekaných

Instrukce

Připravte si vodní lázeň a umístěte do ní Sous Vide. Nastavte na 186 F. Kukuřici promíchejte s olivovým olejem a dochuťte solí a pepřem. Vložte je do vakuově uzavíratelného sáčku. Uvolněte vzduch pomocí metody vytlačení vody, utěsněte a ponořte sáček do vodní lázně. Vařte 45 minut.

Mezitím v misce dobře promíchejte rajčata, citronovou šťávu, česnek, serrano pepř, jarní cibulku, koriandr a zbylý olivový olej. Předehřejte gril na vysokou teplotu.

Když se časovač zastaví, vyjměte kukuřici a přeneste je na gril a opékejte 2–3 minuty. Necháme vychladnout. Z klasu vykrojte jadérka a zalijte je rajčatovou omáčkou. Podáváme s rybou, salátem nebo tortilla chipsy.

Zázvorová růžičková kapusta Tamari se sezamem

Doba přípravy + vaření: 43 minut | Stravování: 6

Ingredience

1½ libry růžičkové kapusty, půlené

2 stroužky česneku, nakrájené

2 polévkové lžíce rostlinného oleje

1 lžíce tamari omáčky

1 lžička strouhaného zázvoru

¼ lžičky červené papriky

¼ lžičky praženého sezamového oleje

1 lžíce sezamových semínek

Instrukce

Připravte si vodní lázeň a umístěte do ní Sous Vide. Nastavte na 186 F. Zahřejte hrnec na střední teplotu a smíchejte česnek, rostlinný olej, tamari omáčku, zázvor a červenou papriku. Vařte 4-5 minut. Odložit stranou.

Růžičkovou kapustu vložte do vakuově uzavíratelného sáčku a přelijte směsí tamari. Uvolněte vzduch pomocí metody vytlačení vody, utěsněte a ponořte sáček do vodní lázně. Vařte 30 minut.

Když se časovač zastaví, vyjměte sáček a osušte jej kuchyňskou utěrkou. Šťávy na vaření uložte. Klíčky přendejte do mísy a smíchejte je se sezamovým olejem. Klíčky nakrájíme na talíře a pokapeme šťávou z vaření. Ozdobte sezamovými semínky.

Salát z řepy a špenátu

Doba přípravy + vaření: 2 hodiny 25 minut | Stravování: 3

Ingredience:

1 ¼ šálku řepy, oříznuté a nakrájené na malé kousky
1 šálek čerstvého nakrájeného špenátu
2 lžíce olivového oleje
1 polévková lžíce citronové šťávy, čerstvě vymačkané
1 lžička balzamikového octa
2 stroužky česneku, rozdrcené
1 lžíce másla
Sůl a černý pepř podle chuti

instrukce:

Řepu dobře omyjeme a očistíme. Nakrájejte na malé kousky a vložte do vakuově uzavřeného sáčku spolu s máslem a prolisovaným česnekem. Vařte v Sous Vide 2 hodiny při 185 F. Nechte stranou vychladnout.

Vařte velký hrnec s vodou a vložte do něj špenát. Vařte jednu minutu a poté stáhněte z ohně. Dobře sceďte. Přeneste do vakuově uzavíratelného sáčku a vařte v Sous Vide po dobu 10 minut při 180 F. Vyjměte z vodní lázně a zcela ochlaďte. Dejte do velké mísy a přidejte uvařenou řepu. Dochuťte solí, pepřem, octem, olivovým olejem a citronovou šťávou. Ihned podávejte.

Zelený česnek s mátou

Doba přípravy + vaření: 30 minut | Stravování: 2

Ingredience:

½ šálku čerstvě natrhané čekanky

½ šálku divokého chřestu, jemně nakrájeného

½ šálku nastrouhaného švýcarského mangoldu

¼ šálku čerstvé máty, nasekané

¼ šálku natrhané rukoly

2 stroužky česneku, nakrájené

½ lžičky soli

4 lžíce citronové šťávy, čerstvě vymačkané

2 lžíce olivového oleje

instrukce:

Naplňte velký hrnec osolenou vodou a přidejte zeleninu. Vařte 3 minuty. Vyjměte a sceďte. Jemně vymačkejte rukama a nasekejte zelí ostrým nožem. Přeneste do velkého vakuově uzavíratelného sáčku a vařte v Sous Vide 10 minut při 162 F. Vyjměte z vodní lázně a dejte stranou.

Ve velké pánvi na středním plameni rozehřejte olivový olej. Přidejte česnek a za stálého míchání opékejte 1 minutu. Vmícháme zelí a dochutíme solí. Pokapeme čerstvou citronovou šťávou a podáváme.

Růžičková kapusta na bílém víně

Doba přípravy + vaření: 35 minut | Stravování: 4

Ingredience:

1 libra růžičkové kapusty, nastrouhaná
½ šálku extra panenského olivového oleje
½ šálku bílého vína
Sůl a černý pepř podle chuti
2 lžíce čerstvé petrželky, nasekané nadrobno
2 stroužky česneku, rozdrcené

instrukce:

Růžičkovou kapustu vložte do velkého vakuově uzavřeného sáčku se třemi lžícemi olivového oleje. Vařte v Sous Vide 15 minut při 180 F. Vyjměte ze sáčku.

Na velké nepřilnavé pánvi rozehřejte zbývající olivový olej. Přidejte růžičkovou kapustu, prolisovaný česnek, sůl a pepř. Krátce grilujte a pánví párkrát zatřeste, aby ze všech stran lehce zhnědla. Zalijte vínem a přiveďte k varu. Dobře promíchejte a odstraňte z tepla. Posypeme nadrobno nasekanou petrželkou a podáváme.

Salát z červené řepy a kozího sýra

Doba přípravy + vaření: 2 hodiny 20 minut | Stravování: 3

Ingredience:

1 lb červené řepy, nakrájené na měsíčky
½ šálku mandlí, blanšírovaných
2 lžíce loupaných lískových ořechů
2 lžíce olivového oleje
1 stroužek česneku, nakrájený nadrobno
1 lžička kmínového prášku
1 lžička citronové kůry
Sůl podle chuti
½ šálku kozího sýra, rozdrobeného
Čerstvé lístky máty na ozdobu

Obvaz:

2 lžíce olivového oleje
1 polévková lžíce jablečného octa

instrukce:

Udělejte vodní lázeň, umístěte do ní Sous Vide a nastavte na 183F.

Vložte červenou řepu do vakuově uzavřeného sáčku. Uvolněte vzduch pomocí metody vytěsňování vody, utěsněte a ponořte sáček do vodní lázně a nastavte časovač na 2 hodiny. Když se časovač zastaví, vyjměte a otevřete sáček. Červenou řepu dejte stranou.

Umístěte pánev na střední teplotu, přidejte mandle a lískové ořechy a opékejte 3 minuty. Přendejte na prkénko a nakrájejte. Do stejné pánve přidáme olej, dáme česnek a kmín. Vařte 30 sekund. Vypněte topení. Do mísy přidejte kozí sýr, mandlovou směs, citronovou kůru a česnekovou směs. Smíchat to. Olivový olej a ocet prošlehejte a dejte stranou. Podáváme jako přílohu.

Květáková brokolicová polévka

Doba přípravy + vaření: 70 minut | Stravování: 2

Ingredience:

1 střední květák, nakrájený na malé růžičky
½ libry brokolice, nakrájené na malé růžičky
1 zelená paprika, nakrájená
1 cibule, nakrájená na kostičky
1 lžička olivového oleje
1 stroužek česneku, rozdrcený
½ šálku zeleninového vývaru
½ šálku odstředěného mléka

instrukce:

Udělejte vodní lázeň, umístěte do ní Sous Vide a nastavte ji na 185F.

Květák, brokolici, papriku a bílou cibuli dejte do vakuově uzavřeného sáčku a zalijte olivovým olejem. Uvolněte vzduch pomocí metody vytlačení vody a utěsněte sáček. Ponořte sáček do vodní lázně. Nastavte časovač na 50 minut a vařte.

Když se časovač zastaví, vyjměte sáček a otevřete jej. Zeleninu dejte do mixéru, přidejte česnek a mléko a rozmačkejte na hladké pyré.

Pánev dejte na střední teplotu, přidejte zeleninové pyré a zeleninový základ a vařte 3 minuty. Dochuťte solí a pepřem. Podávejte teplé jako přílohu.

Máslový hrášek s mátou

Doba přípravy + vaření: 25 minut | Stravování: 2

Ingredience:

1 lžíce másla
½ šálku sněhového hrášku
1 polévková lžíce mátových listů, nasekaných
Špetka soli
Cukr podle chuti

instrukce:

Udělejte vodní lázeň, umístěte do ní Sous Vide a nastavte na 183 F. Všechny ingredience vložte do vakuově uzavíratelného sáčku. Uvolněte vzduch metodou vytlačení vody, uzavřete a ponořte do vany. Vařte 15 minut.

Když se časovač zastaví, vyjměte a otevřete sáček. Umístěte ingredience na servírovací talíř. Podávejte jako koření.

Růžičková kapusta ve sladkém sirupu

Doba přípravy + vaření: 75 minut | Stravování: 3

Ingredience:

4 lb růžičkové kapusty, rozpůlené

3 lžíce olivového oleje

¾ šálku rybí omáčky

3 polévkové lžíce vody

2 lžíce cukru

1 ½ lžíce rýžového octa

2 lžičky limetkové šťávy

3 červené chilli papričky, nakrájené na tenké plátky

2 stroužky česneku, nakrájené

instrukce:

Udělejte vodní lázeň, umístěte do ní Sous Vide a nastavte ji na 183 F. Nasypte růžičkovou kapustu, sůl a olej do vakuově uzavřeného sáčku, odstraňte vzduch metodou vytěsňování vody, uzavřete a ponořte sáček do vodní lázně . Nastavte časovač na 50 minut.

Když se časovač zastaví, vyjměte sáček, otevřete a přesuňte růžičkovou kapustu na plech vyložený pečicím papírem. Zahřejte brojler na vysokou teplotu, vložte do něj plech a vařte 6 minut. Růžičkovou kapustu vhoďte do misky.

Připravíme si omáčku: přidáme zbytek ingrediencí uvedených v misce a promícháme. Omáčku přidejte k růžičkové kapustě a rovnoměrně promíchejte. Podáváme jako přílohu.

Ředkvičky s bylinkovým sýrem

Doba přípravy + vaření: 1 hodina 15 minut | Stravování: 3

Ingredience:

10 uncí kozího sýra

4 oz smetanový sýr

¼ šálku červené papriky, mleté

3 lžíce pesta

3 lžičky citronové šťávy

2 lžíce petrželky

2 stroužky česneku

9 velkých ředkviček, nakrájených na plátky.

instrukce:

Udělejte vodní lázeň, umístěte do ní Sous Vide a nastavte ji na 181 F. Plátky ředkvičky vložte do vakuově uzavíratelného sáčku, uvolněte vzduch a utěsněte. Ponořte sáček do vodní lázně a nastavte časovač na 1 hodinu.

Zbytek uvedených ingrediencí smícháme v míse a nalijeme do sáčku. Odložit stranou. Když se časovač zastaví, vyjměte sáček a otevřete jej. Plátky ředkviček rozložte na servírovací talíř a na každý plátek položte sýrovou směs. Podávejte jako svačinu.

Balsamico dušené zelí

Doba přípravy + vaření: 1 hodina 45 minut | Stravování: 3

Ingredience:

1 lb. červeného zelí, nakrájené na čtvrtky a zbavené jádřinců
1 šalotka, nakrájená na tenké plátky
2 stroužky česneku, nakrájené na tenké plátky
½ lžíce balzamikového octa
½ lžíce nesoleného másla
Sůl podle chuti

instrukce:

Udělejte vodní lázeň, umístěte do ní Sous Vide a nastavte na 185 F. Rozdělte zelí a zbývající ingredience do 2 vakuově uzavíratelných sáčků. Uvolněte vzduch pomocí metody vytlačení vody a utěsněte sáčky. Ponořte je do vodní lázně a nastavte časovač na vaření po dobu 1 hodiny 30 minut.

Když se časovač zastaví, vyjměte a otevřete sáčky. Kapustu se šťávou položte na servírovací talíře. Dochutíme solí a octem. Podáváme jako přílohu.

Pošírované rajče

Doba přípravy + vaření: 45 minut | Stravování: 3

Ingredience:

4 šálky cherry rajčat
5 lžic olivového oleje
½ lžíce čerstvých listů rozmarýnu, nasekaných
½ lžíce čerstvých lístků tymiánu, nasekaných
Sůl a černý pepř podle chuti

instrukce:

Udělejte vodní lázeň, vložte do ní Sous Vide a nastavte na 131 F. Uvedené ingredience rozdělte do 2 vakuově uzavřených sáčků, ochuťte solí a pepřem. Uvolněte vzduch pomocí metody vytlačení vody a utěsněte sáčky. Ponořte je do vodní lázně a nastavte časovač na 30 minut.

Když se časovač zastaví, vyjměte sáčky a otevřete je. Rajčata i se šťávou přendáme do misky. Podáváme jako přílohu.

Ratatouille

Doba přípravy + vaření: 2 hodiny 10 minut | Stravování: 3

Ingredience:

2 cukety, nakrájené na plátky

2 rajčata, nakrájená

2 červené papriky, semena a nakrájené na 2-palcové kostky

1 malý lilek, nakrájený na plátky

1 cibule, nakrájená na 1-palcové kostky

Sůl podle chuti

½ vloček červené papriky

8 stroužků česneku, rozdrcených

2 ½ lžíce olivového oleje

5 snítek + 2 snítky bazalkových lístků

instrukce:

Udělejte vodní lázeň, umístěte do ní Sous Vide a nastavte ji na 185 F. Umístěte rajčata, cuketu, cibuli, papriku a lilek do 5 samostatných vakuově uzavíratelných sáčků. Do každého sáčku vložte česnek, lístky bazalky a 1 lžíci olivového oleje. Uvolněte vzduch pomocí metody vytlačení vody, uzavřete a ponořte sáčky do vodní lázně a nastavte časovač na 20 minut.

Když se časovač zastaví, vyjměte sáček rajčat. Odložit stranou. Resetujte časovač na 30 minut. Když se časovač zastaví, vyjměte sáčky cukety a červené papriky. Odložit stranou. Resetujte časovač na 1 hodinu.

Když se časovač zastaví, odstraňte zbývající sáčky a vyhoďte listy česneku a bazalky. Do mísy přidejte rajčata a lžící je lehce rozmačkejte. Zbylou zeleninu nakrájíme a přidáme k rajčatům. Dochuťte solí, vločkami červené papriky, zbylým olivovým olejem a bazalkou. Podáváme jako přílohu.

Rajská polévka

Doba přípravy + vaření: 60 minut | Stravování: 3

Ingredience:

2 lb rajčat, rozpůlených
1 cibule, nakrájená na kostičky
1 tyčinka celeru, nakrájená
3 lžíce olivového oleje
1 polévková lžíce rajčatového protlaku
Špetka cukru
1 bobkový list

instrukce:

Udělejte vodní lázeň, vložte do ní Sous Vide a nastavte ji na 185 F. Všechny uvedené ingredience kromě soli dejte do mísy a promíchejte. Vložte je do vakuově uzavíratelného sáčku. Uvolněte vzduch pomocí metody vytlačení vody, utěsněte a ponořte sáček do vodní lázně. Nastavte časovač na 40 minut.

Když se časovač zastaví, vyjměte sáček a otevřete jej. Suroviny rozmixujte mixérem. Rozmixovaná rajčata nalijte do hrnce a položte na střední teplotu. Dochuťte solí a vařte 10 minut. Polévku nalijeme do misek a vychladíme. Podávejte teplé s nízkosacharidovým chlebem.

Dušená červená řepa

Doba přípravy + vaření: 1 hodina 15 minut | Stravování: 3

Ingredience:

2 řepy, oloupané a nakrájené na 1 cm kousky
⅓ šálku balzamikového octa
½ lžičky olivového oleje
⅓ šálku pražených vlašských ořechů
⅓ šálku sýra Grana Padano, strouhaného
Sůl a černý pepř podle chuti

instrukce:

Udělejte vodní lázeň, umístěte do ní Sous Vide a nastavte ji na 183 F. Vložte řepu, ocet a sůl do vakuově uzavíratelného sáčku. Uvolněte vzduch pomocí metody vytlačení vody, utěsněte a ponořte sáček do vodní lázně. Nastavte časovač na 1 hodinu.

Když se časovač zastaví, vyjměte a otevřete sáček. Přendejte řepu do mísy, přidejte olivový olej a promíchejte. Na to posypeme ořechy a sýrem. Podáváme jako přílohu.

Lilkové lasagne

Doba přípravy + vaření: 3 hodiny | Stravování: 3

Ingredience:

1 lb lilku, oloupaného a nakrájeného na tenké plátky

1 lžička soli

1 šálek rajčatové omáčky, rozdělený na 3

2 oz čerstvé mozzarelly, nakrájené na tenké plátky

1 oz strouhaného parmazánu

2 oz italský směsný sýr, strouhaný

3 lžíce čerstvé bazalky, nasekané

Obvaz:

½ lžíce makadamových ořechů, opečených a nasekaných

1 oz strouhaného parmazánu

1 oz italský směsný sýr, strouhaný

instrukce:

Udělejte vodní lázeň, vložte do ní Sous Vide a nastavte ji na 183 F. Ochuťte lilek solí. Vakuově uzavíratelný sáček dejte stranou, udělejte vrstvu z poloviny lilku, potřete jednou porcí rajčatové omáčky, navrstvěte mozzarellu, pak parmazán, pak sýrovou směs a nakonec bazalku. Přelijeme další porcí rajčatové omáčky.

Sáček opatrně uzavřete metodou vytěsňování vody a udržujte jej co nejrovnější. Ponořte sáček naplocho do vodní lázně. Nastavte časovač na 2 hodiny a vařte. Během prvních 30 minut uvolněte vzduch 2 až 3krát, protože lilky při vaření uvolňují plyn.

Když se časovač zastaví, opatrně vyjměte sáček a pomocí paličky zatlačte na jeden roh sáčku, abyste uvolnili tekutinu ze sáčku. Položte sáček naplocho na servírovací talíř, odřízněte vršek a lasagne jemně zatlačte na talíř. Doplňte zbývající rajčatovou omáčkou, makadamovými ořechy, sýrovou směsí a parmazánem. Sýr rozpustíme a pomocí hořáku osmahneme.

Houbová polévka

Doba přípravy + vaření: 50 minut | Stravování: 3

Ingredience:

1 lb smíšené houby

2 cibule, nakrájené na kostičky

3 stroužky česneku

2 snítky petrželky, nasekané

2 lžíce tymiánového prášku

2 lžíce olivového oleje

2 šálky smetany

2 hrnky zeleninového vývaru

instrukce:

Udělejte vodní lázeň, umístěte do ní Sous Vide a nastavte ji na 185 F. Vložte houby, cibuli a celer do vakuově uzavíratelného sáčku. Uvolněte vzduch pomocí metody vytlačení vody, utěsněte a ponořte sáček do vodní lázně. Nastavte časovač na 30 minut. Když se časovač zastaví, vyjměte a otevřete sáček.

Ingredience ze sáčku rozmixujte v mixéru. Umístěte pánev na střední teplotu, přidejte olivový olej. Když se začne ohřívat, přidejte prolisované houby a zbytek ingrediencí kromě smetany. Vařte 10 minut. Vypněte oheň a přidejte smetanu. Dobře promícháme a podáváme.

Vegetariánské rizoto s parmazánem

Doba přípravy + vaření: 65 minut | Stravování: 5

Ingredience:

2 šálky rýže Arborio
½ šálku obyčejné bílé rýže
1 hrnek zeleninového vývaru
1 šálek vody
6-8 uncí strouhaného parmazánu
1 cibule, nakrájená
1 lžíce másla
Sůl a černý pepř podle chuti

instrukce:

Připravte si vodní lázeň a umístěte do ní Sous Vide. Nastavte na 185 F. Rozpusťte máslo na pánvi na středním ohni. Přidejte cibuli, rýži a koření a několik minut restujte. Přeneste do vakuově uzavíratelného sáčku. Uvolněte vzduch pomocí metody vytlačení vody, utěsněte a ponořte sáček do vodní lázně. Nastavte časovač na 50 minut. Když se časovač zastaví, vyjměte sáček a vmíchejte parmazán.

Zelená polévka

Doba přípravy + vaření: 55 minut | Stravování: 3

Ingredience:

4 šálky zeleninového vývaru

1 lžíce olivového oleje

1 stroužek česneku, rozdrcený

1 palec zázvoru, nakrájený na plátky

1 lžička koriandrového prášku

1 velká cuketa, nakrájená na kostičky

3 šálky kapusty

2 šálky brokolice, nakrájené na růžičky

1 limetka, vymačkaná a oloupaná

instrukce:

Udělejte vodní lázeň, umístěte do ní Sous Vide a nastavte ji na 185 F. Vložte brokolici, cuketu, kapustu a petržel do vakuově uzavíratelného sáčku. Uvolněte vzduch pomocí metody vytlačení vody, utěsněte a ponořte sáček do vodní lázně. Nastavte časovač na 30 minut.

Když se časovač zastaví, vyjměte a otevřete sáček. Vařené ingredience přidejte do mixéru s česnekem a zázvorem. Pyré do hladka. Do hrnce nalijeme zelené pyré a přidáme zbytek uvedených surovin. Dejte hrnec na střední teplotu a nechte 10 minut vařit. Podáváme jako přílohu.

Míchaná zeleninová polévka

Doba přípravy + vaření: 55 minut | Stravování: 3

Ingredience:

1 sladká cibule, nakrájená na plátky
1 lžička česnekového prášku
2 šálky cukety, nakrájené na malé kostičky
3 unce parmazánové kůry
2 šálky baby špenátu
2 lžíce olivového oleje
1 lžička červené papriky
2 hrnky zeleninového vývaru
1 snítka rozmarýnu
Sůl podle chuti

instrukce:

Udělejte vodní lázeň, umístěte do ní Sous Vide a nastavte ji na 185 F. Smíchejte všechny ingredience kromě česneku a soli s olivovým olejem a vložte je do vakuově uzavíratelného sáčku. Uvolněte vzduch pomocí metody vytlačení vody, utěsněte a ponořte sáček do vodní lázně. Nastavte časovač na 30 minut.

Když se časovač zastaví, vyjměte a otevřete sáček. Rozmarýn vyhoďte. Do hrnce nalijte zbývající ingredience a přidejte sůl a česnekový prášek. Dejte hrnec na střední teplotu a nechte 10 minut vařit. Podáváme jako přílohu.

Uzená paprika Veggie Wontons

Doba přípravy + vaření: 5 hodin 15 minut | Stravování: 9)

Ingredience:

10 uncí wonton obaly

10 uncí zeleniny dle vašeho výběru, nakrájené

2 vejce

1 lžička olivového oleje

½ lžičky chilli prášek

½ lžičky uzené papriky

½ lžičky česnekového prášku

Sůl a černý pepř podle chuti

instrukce:

Připravte si vodní lázeň a umístěte do ní Sous Vide. Nastaveno na 165F.

Vejce rozšlehejte spolu s kořením. Vmícháme zeleninu a olej. Směs nalijte do vakuově uzavíratelného sáčku. Uvolněte vzduch pomocí metody vytlačení vody, utěsněte a ponořte sáček do vodní lázně. Nastavte časovač na 5 hodin.

Když se časovač zastaví, vyjměte sáček a přeneste jej do misky. Směs rozdělte mezi ravioli, srolujte a sešpendlte okraje, aby se uzavřely. Vařte ve vroucí vodě 4 minuty na středním plameni.

Miso miso z quinoi a celeru

Doba přípravy + vaření: 2 hodiny 25 minut | Stravování: 6

Ingredience

1 celer, nakrájený

1 lžíce miso pasty

6 stroužků česneku

5 snítek tymiánu

1 lžička cibulového prášku

3 lžíce sýra ricotta

1 lžíce hořčičných semínek

Šťáva z ¼ velkého citronu

5 nahrubo nakrájených cherry rajčat

Nasekaná petržel

8 uncí veganského másla

8 uncí vařené quinoa

Instrukce

Připravte si vodní lázeň a umístěte do ní Sous Vide. Nastaveno na 186F.

Mezitím rozehřejte pánev na střední teplotu a přidejte česnek, tymián a hořčičná semínka. Vařte asi 2 minuty. Přidejte máslo a míchejte, dokud nezhnědne. Smícháme s cibulovým práškem a dáme stranou. Nechte vychladnout na pokojovou teplotu. Umístěte zeleninu do vakuově uzavřeného sáčku. Uvolněte vzduch pomocí metody vytlačení vody, utěsněte a ponořte sáček do vodní lázně. Vařte 2 hodiny.

Když se časovač zastaví, vyjměte sáček a přeneste jej na pánev a míchejte do zlatohněda. Okořeníme miso. Odložit stranou. Rozpálíme pánev na středním plameni, přidáme rajčata, hořčici a quinou. Smícháme s citronovou šťávou a petrželkou. Podávejte přihozením zelené a rajčatové směsi.

Salát s ředkvičkou a bazalkou

Doba přípravy + vaření: 50 minut | Stravování: 2

Ingredience:

20 malých ředkviček, nakrájených na plátky

1 lžíce bílého vinného octa

¼ šálku nasekané bazalky

½ šálku sýra feta

1 lžička cukru

1 polévková lžíce vody

¼ lžičky soli

instrukce:

Připravte si vodní lázeň a umístěte do ní Sous Vide. Nastavte na 200 F. Vložte ředkvičky do velkého uzavíratelného sáčku a přidejte ocet, cukr, sůl a vodu. Zatřesením se spojí. Uvolněte vzduch pomocí metody vytěsňování vody, utěsněte a ponořte do vodní lázně. Vařte 30 minut. Když se časovač zastaví, vyjměte sáček a nechte jej vychladnout v ledové lázni. Podávejte teplé. Podávejte posypané bazalkou a fetou.

Směs pepře

Doba přípravy + vaření: 35 minut | Stravování: 2

Ingredience:

1 červená paprika, nakrájená
1 žlutá paprika, nakrájená
1 zelená paprika, nakrájená
1 velká oranžová paprika, nakrájená
Sůl podle chuti

instrukce:

Udělejte vodní lázeň, vložte do ní Sous Vide a nastavte ji na 183 F. Vložte všechny papriky se solí do vakuově uzavíratelného sáčku. Uvolněte vzduch pomocí metody vytěsňování vody, utěsněte a ponořte do vodní lázně. Nastavte časovač na 15 minut. Když se časovač zastaví, vyjměte a otevřete sáček. Jako přílohu podáváme papriky se šťávou.

Quinoa z koriandrové kurkumy

Doba přípravy + vaření: 105 minut | Stravování: 6

Ingredience:

3 šálky quinoa

2 šálky husté smetany

½ šálku vody

3 lžíce listů koriandru

2 čajové lžičky prášku z kurkumy

1 lžíce másla

½ lžíce soli

instrukce:

Připravte si vodní lázeň a umístěte do ní Sous Vide. Nastavte na 180F.

Všechny ingredience vložte do vakuově uzavíratelného sáčku. Míchejte, aby se dobře spojily. Uvolněte vzduch pomocí metody vytlačení vody, utěsněte a ponořte sáček do vodní lázně. Nastavte časovač na 90 minut. Když se časovač zastaví, vyjměte sáček. Podávejte teplé.

Oregano bílé fazole s

Doba přípravy + vaření: 5 hodin 15 minut | Stravování: 8

Ingredience:

12 uncí bílých fazolí

1 šálek rajčatové pasty

8 uncí zeleninového vývaru

1 polévková lžíce cukru

3 lžíce másla

1 šálek nakrájené cibule

1 paprika, nakrájená

1 lžíce oregana

2 lžičky papriky

instrukce:

Připravte si vodní lázeň a umístěte do ní Sous Vide. Nastaveno na 185F.

Všechny ingredience smíchejte ve vakuově uzavíratelném sáčku. Míchejte, aby se spojily. Uvolněte vzduch pomocí metody vytlačení vody, utěsněte a ponořte sáček do vodní lázně. Nastavte časovač na 5 hodin. Když se časovač zastaví, vyjměte sáček. Podávejte teplé.

Bramborový a datlový salát

Příprava + doba vaření: 3 hodiny 15 minut | Stravování: 6

Ingredience:

2 libry brambor, nakrájené na kostičky
5 uncí nakrájených datlí
½ šálku rozdrobeného kozího sýra
1 lžička oregana
1 lžíce olivového oleje
1 polévková lžíce citronové šťávy
3 lžíce másla
1 lžička koriandru
1 lžička soli
1 lžíce nasekané petrželky
¼ lžičky česnekového prášku

instrukce:

Připravte si vodní lázeň a umístěte do ní Sous Vide. Nastavte na 190F.

Vložte brambory, máslo, datle, oregano, koriandr a sůl do vakuově uzavíratelného sáčku. Uvolněte vzduch pomocí metody vytlačení vody, utěsněte a ponořte sáček do vodní lázně. Nastavte časovač na 3 hodiny.

Když se časovač zastaví, vyjměte sáček a přeneste jej do misky. Smíchejte olivový olej, citronovou šťávu, petržel a česnekový prášek a pokapejte salát. Pokud používáte sýr, posypte ho.

Papriková krupice

Doba přípravy + vaření: 3 hodiny 10 minut | Stravování: 4

Ingredience:

10 uncí krupice

4 lžíce másla

1 ½ lžičky papriky

10 uncí vody

½ lžičky česnekové soli

instrukce:

Připravte si vodní lázeň a umístěte do ní Sous Vide. Nastavte na 180F.

Všechny ingredience vložte do vakuově uzavíratelného sáčku. Promícháme lžící, aby se dobře spojilo. Uvolněte vzduch pomocí metody vytlačení vody, utěsněte a ponořte sáček do vodní lázně. Nastavte časovač na 3 hodiny. Když se časovač zastaví, vyjměte sáček. Rozdělte do 4 servírovacích misek.

Směs hroznové zeleniny

Doba přípravy + vaření 105 minut | Stravování: 9)

Ingredience:

8 sladkých brambor, nakrájených na plátky
2 červené cibule, nakrájené na plátky
4 unce rajčat, pyré
1 lžička mletého česneku
Sůl a černý pepř podle chuti
1 lžička hroznové šťávy

instrukce:

Připravte si vodní lázeň a umístěte do ní Sous Vide. Nastavte na 183 F. Vložte všechny přísady s ¼ šálku vody do vakuově uzavíratelného sáčku. Uvolněte vzduch pomocí metody vytlačení vody, utěsněte a ponořte sáček do vodní lázně. Nastavte časovač na 90 minut. Když se časovač zastaví, vyjměte sáček. Podávejte teplé.

Mátová miska s cizrnou a houbami

Doba přípravy + vaření: 4 hodiny 15 minut | Stravování: 8

Ingredience:

9 uncí hub

3 šálky zeleninového vývaru

1 libra cizrny, přes noc namočená a scezená

1 lžička másla

1 lžička papriky

1 lžíce hořčice

2 lžíce rajčatové šťávy

1 lžička soli

¼ šálku nasekané máty

1 lžíce olivového oleje

instrukce:

Připravte si vodní lázeň a umístěte do ní Sous Vide. Nastavte na 195 F. Vložte polévku a cizrnu do vakuově uzavíratelného sáčku. Uvolněte vzduch pomocí metody vytlačení vody, utěsněte a ponořte sáček do vodní lázně. Nastavte časovač na 4 hodiny.

Když se časovač zastaví, vyjměte sáček. Na pánvi na středním plameni rozehřejte olej. Přidejte houby, rajčatovou šťávu, papriku, sůl a hořčici. Vařte 4 minuty. Cizrnu sceďte a přidejte do pánve. Vařte další 4 minuty. Vmícháme máslo a mátu.

Zeleninová caponata

Příprava + doba vaření: 2 hodiny 15 minut | Stravování: 4

Ingredience:

4 konzervovaná rajčata, drcená
2 papriky, nakrájené na plátky
2 cukety, nakrájené na plátky
½ nakrájené cibule
2 lilky, nakrájené na plátky
6 stroužků česneku, mletého
2 lžíce olivového oleje
6 lístků bazalky
Sůl a černý pepř podle chuti

instrukce:

Připravte si vodní lázeň a umístěte do ní Sous Vide. Nastavte na 185 F. Smíchejte všechny ingredience ve vakuově uzavíratelném sáčku. Uvolněte vzduch pomocí metody vytlačení vody, utěsněte a ponořte sáček do vodní lázně. Nastavte časovač na 2 hodiny. Když se časovač zastaví, přeneste na servírovací talíř.

Dušený mangold s limetkou

Doba přípravy + vaření: 25 minut | Stravování: 2

2 libry švýcarského mangoldu

4 lžíce extra panenského olivového oleje

2 stroužky česneku, rozdrcené

1 celá limetka, vymačkaná

2 lžíce mořské soli

instrukce:

Švýcarský mangold důkladně propláchneme a necháme okapat v cedníku. Hrubě nasekejte ostrým nožem a přendejte do velké mísy. Smíchejte 4 lžíce olivového oleje, prolisovaný česnek, limetkovou šťávu a mořskou sůl. Přeneste do velkého vakuově uzavíratelného sáčku a utěsněte. Vařte en sous vide 10 minut při 180 F.

Mash z kořenové zeleniny

Příprava + doba vaření: 3 hodiny 15 minut | Stravování: 4

Ingredience:

2 pastináky, oloupané a nakrájené
1 oloupaný a nakrájený tuřín
1 velký sladký brambor, oloupaný a nakrájený na plátky
1 lžíce másla
Sůl a černý pepř podle chuti
Špetka muškátového oříšku
¼ lžičky tymiánu

instrukce:

Připravte si vodní lázeň a umístěte do ní Sous Vide. Nastavte na 185 F. Vložte zeleninu do vakuově uzavíratelného sáčku. Uvolněte vzduch pomocí metody vytěsňování vody, utěsněte a ponořte do vodní lázně. Vařte 3 hodiny. Po dokončení vyjměte sáček a zeleninu rozmačkejte šťouchadlem na brambory. Vmíchejte zbývající ingredience.

Zelí a paprika v rajčatové omáčce

Příprava + doba vaření: 4 hodiny 45 minut | Stravování: 6

Ingredience:

2 libry zelí, nakrájené

1 šálek nakrájené papriky

1 šálek rajčatové pasty

2 cibule, nakrájené na plátky

1 polévková lžíce cukru

Sůl a černý pepř podle chuti

1 lžíce koriandru

1 lžíce olivového oleje

instrukce:

Připravte si vodní lázeň a umístěte do ní Sous Vide. Nastaveno na 184F.

Zelí a cibuli vložíme do vakuového sáčku a ochutíme kořením. Přidejte rajčatovou pastu a promíchejte, aby se dobře spojila. Uvolněte vzduch pomocí metody vytlačení vody, utěsněte a ponořte sáček do vodní lázně. Nastavte časovač na 4 hodiny a 30 minut. Když se časovač zastaví, vyjměte sáček.

Pokrm z čočky a rajčat

Doba přípravy + vaření: 105 minut | Stravování: 8

Ingredience:

2 šálky čočky
1 konzerva nakrájených rajčat, neloupaných
1 šálek zeleného hrášku
3 šálky zeleninového vývaru
3 šálky vody
1 cibule, nakrájená
1 mrkev, nakrájená
1 lžíce másla
2 lžíce hořčice
1 lžička červené papriky
2 lžíce limetkové šťávy
Sůl a černý pepř podle chuti

instrukce:

Připravte si vodní lázeň a umístěte do ní Sous Vide. Nastavte na 192 F. Všechny přísady vložte do velkého vakuově uzavíratelného sáčku. Uvolněte vzduch metodou vytlačení vody, uzavřete a ponořte do vany. Vařte 90 minut. Když se časovač zastaví, vyjměte sáček a přeneste do velké mísy a před podáváním promíchejte.

Rýžový pilaf s paprikou a rozinkami

Doba přípravy + vaření: 3 hodiny 10 minut | Stravování: 6

Ingredience:

2 šálky bílé rýže
2 šálky zeleninového vývaru
⅔ šálku vody
3 lžíce nakrájených rozinek
2 lžíce zakysané smetany
½ šálku nakrájené červené cibule
1 paprika, nakrájená
Sůl a černý pepř podle chuti
1 lžička tymiánu

instrukce:

Připravte si vodní lázeň a umístěte do ní Sous Vide. Nastavte na 180F.

Všechny ingredience vložte do vakuově uzavíratelného sáčku. Míchejte, aby se dobře spojily. Uvolněte vzduch pomocí metody vytlačení vody, utěsněte a ponořte sáček do vodní lázně. Nastavte časovač na 3 hodiny. Když se časovač zastaví, vyjměte sáček. Podávejte teplé.

Jogurtová polévka s kmínem

Doba přípravy + vaření: 2 hodiny 20 minut | Stravování: 4

Ingredience

1 lžíce olivového oleje

1½ lžičky semínek kmínu

1 střední cibule, nakrájená na kostičky

Rozpulte a nakrájejte na tenké plátky 1 pórek

Sůl podle chuti

2 libry nakrájené mrkve

1 bobkový list

3 šálky zeleninového vývaru

½ hrnku plnotučného mléčného jogurtu

jablečný ocet

Čerstvé listy kopru

Instrukce

Připravte si vodní lázeň a umístěte do ní Sous Vide. Nastavte na 186 F. Zahřejte olivový olej ve velké pánvi na středním ohni a přidejte semínka kmínu. Smažte je po dobu 1 minuty. Přidejte cibuli, sůl a pórek a opékejte 5–7 minut nebo do změknutí. Ve velké misce smíchejte cibuli, bobkový list, mrkev a 1/2 lžíce soli.

Rozložte směs do vakuově uzavřeného sáčku. Uvolněte vzduch pomocí metody vytlačení vody, utěsněte a ponořte sáček do vodní lázně. Vařte 2 hodiny.

Když se časovač zastaví, vyjměte sáček a nalijte do misky. Přidejte zeleninový vývar a promíchejte. Vmícháme jogurt. Polévku dochutíme solí a octem a podáváme ozdobenou lístky kopru.

Máslový letní squash

Doba přípravy + vaření: 1 hodina 35 minut | Stravování: 4

Ingredience

2 lžíce másla

¾ šálku nakrájené cibule

1½ kila letní dýně, nakrájená na plátky

Sůl a černý pepř podle chuti

½ šálku plnotučného mléka

2 velká celá vejce

½ šálku drcených obyčejných bramborových lupínků

Instrukce

Připravte si vodní lázeň a umístěte do ní Sous Vide. Nastaveno na 175F

Mezitím namažte několik sklenic. Rozpalte velkou pánev na střední teplotu a rozpusťte máslo. Přidejte cibuli a opékejte 7 minut. Přidejte dýni, dochuťte solí a pepřem a opékejte 10 minut. Směs rozdělte do sklenic. Nechte vychladnout a dejte stranou.

V míse rozšlehejte mléko, sůl a vejce. Dochutíme pepřem. Směs nalijeme do sklenic, uzavřeme a sklenice ponoříme do vodní lázně.

Vařte 60 minut. Když se časovač zastaví, vyjměte sklenice a nechte je 5 minut vychladnout. Podávejte přes bramborové lupínky.

Kari nektarinkové chutney

Doba přípravy + vaření: 60 minut | Stravování: 3

Ingredience

½ šálku krystalového cukru

½ šálku vody

¼ šálku bílého vinného octa

1 stroužek česneku, nasekaný

¼ šálku bílé cibule, jemně nakrájené

Šťáva z 1 limetky

2 lžičky strouhaného čerstvého zázvoru

2 lžičky kari

Špetka vloček červené papriky

Sůl a černý pepř podle chuti

Pepřové vločky podle chuti

4 velké kousky nektarinky, nakrájené na kolečka

¼ šálku nasekané čerstvé bazalky

Instrukce

Připravte si vodní lázeň a umístěte do ní Sous Vide. Nastaveno na 168F.

Zahřejte pánev na střední teplotu a smíchejte vodu, cukr, bílý vinný ocet a česnek. Míchejte, dokud cukr nezměkne. Přidejte limetkovou šťávu, cibuli, kari, zázvor a vločky červené papriky. Dochuťte solí a černým pepřem. Dobře promíchejte. Vložte směs do vakuově uzavřeného sáčku. Uvolněte vzduch pomocí metody vytlačení vody, utěsněte a ponořte sáček do vodní lázně. Vařte 40 minut.

Když se časovač zastaví, vyjměte sáček a vložte jej do ledové lázně. Přeneste jídlo na servírovací talíř. Ozdobte bazalkou.

Hnědý bramborový konfit s rozmarýnem

Doba přípravy + vaření: 1 hodina 15 minut | Stravování: 4

Ingredience

1 libra červenohnědých brambor, nakrájených na plátky
Sůl podle chuti
¼ lžičky mletého bílého pepře
1 lžička nasekaného čerstvého rozmarýnu
2 lžíce celého másla
1 polévková lžíce kukuřičného oleje

Instrukce

Připravte si vodní lázeň a umístěte do ní Sous Vide. Nastavte na 192 F. Brambory ochuťte rozmarýnem, solí a pepřem. Brambory smícháme s máslem a olejem. Vložte do vakuově uzavíratelného sáčku. Uvolněte vzduch pomocí metody vytlačení vody, utěsněte a ponořte sáček do vodní lázně. Vařte 60 minut. Když se časovač zastaví, vyjměte sáček a přeneste jej do velké mísy. Ozdobte máslem a podávejte.

Kari hrušky a kokosový krém

Příprava + doba vaření: 1 hodina 10 minut | Stravování: 4

Ingredience

2 hrušky, hrst vyjmeme, oloupeme a nakrájíme na plátky
1 polévková lžíce kari
2 lžíce kokosové smetany

Instrukce

Připravte si vodní lázeň a umístěte do ní Sous Vide. Nastaveno na 186F.

Všechny ingredience smíchejte a vložte do vakuově uzavřeného sáčku. Uvolněte vzduch pomocí metody vytlačení vody, utěsněte a ponořte sáček do vodní lázně. Vařte 60 minut. Když se časovač zastaví, vyjměte sáček a přeneste jej do velké mísy. Rozdělte na servírovací talíře a podávejte.

Měkká brokolicová kaše

Příprava + doba vaření: 2 hodiny 15 minut | Stravování: 4

Ingredience

1 hlavička brokolice, nakrájená na růžičky
½ lžičky česnekového prášku
Sůl podle chuti
1 lžíce másla
1 lžíce husté smetany ke šlehání

Instrukce

Připravte si vodní lázeň a umístěte do ní Sous Vide. Nastavte na 183 F. Vmíchejte brokolici, sůl, česnekový prášek a smetanu. Vložte do vakuově uzavíratelného sáčku. Uvolněte vzduch pomocí metody vytlačení vody, utěsněte a ponořte sáček do vodní lázně. Vařte 2 hodiny.

Když se časovač zastaví, vyjměte sáček a vložte jej do mixéru, aby pulzoval. Okořeníme a podáváme.

Lahodné datle a mangové chutney

Doba přípravy + vaření: 1 hodina 45 minut | Stravování: 4

Ingredience

2 libry nakrájeného manga

1 malá cibule, nakrájená na kostičky

½ šálku světle hnědého cukru

¼ šálku datlí

2 lžíce jablečného octa

2 lžíce čerstvě vymačkané citronové šťávy

1½ lžičky žlutého hořčičného semínka

1½ lžičky semínek koriandru

Sůl podle chuti

¼ lžičky kari

¼ lžičky sušené kurkumy

⅛ lžičky kajenského pepře

Instrukce

Připravte si vodní lázeň a umístěte do ní Sous Vide. Nastaveno na 183F.

Smíchejte všechny ingredience. Vložte do vakuově uzavíratelného sáčku. Uvolněte vzduch pomocí metody vytlačení vody, utěsněte a ponořte sáček do vodní lázně. Vařte 90 minut. Když se časovač zastaví, vyjměte sáček a nalijte do hrnce.

Salát z mandarinek a zelených fazolí s vlašskými ořechy

Příprava + doba vaření: 1 hodina 10 minut | Stravování: 8)

Ingredience

2 libry zelených fazolí, nakrájené na plátky
2 mandarinky
2 lžíce másla
Sůl podle chuti
2 unce vlašských ořechů

Instrukce

Připravte si vodní lázeň a umístěte do ní Sous Vide. Nastavte na 186 F. Vmíchejte zelené fazolky, sůl a máslo. Vložte do vakuově uzavíratelného sáčku. Přidejte mandarinkovou kůru a šťávu. Uvolněte vzduch pomocí metody vytlačení vody, utěsněte a ponořte sáček do vodní lázně. Vařte 1 hodinu. Když se časovač zastaví, vyjměte sáček a přeneste jej na servírovací talíř. Navrch posypeme mandarinkovou kůrou a vlašskými ořechy.

Krém ze zeleného hrášku s muškátovým oříškem

Příprava + doba vaření: 1 hodina 10 minut | Stravování: 8)

Ingredience

1 libra čerstvého zeleného hrášku
1 hrnek smetany ke šlehání
¼ šálku másla
1 lžíce kukuřičného škrobu
¼ lžičky mletého muškátového oříšku
4 hřebíčky
2 bobkové listy
Černý pepř podle chuti

Instrukce

Připravte si vodní lázeň a umístěte do ní Sous Vide. Nastavte na 184 F. V misce smíchejte kukuřičný škrob, muškátový oříšek a smetanu. Šlehejte, dokud kukuřičný škrob nezměkne.

Umístěte směs do vakuově uzavřeného sáčku. Uvolněte vzduch pomocí metody vytlačení vody, utěsněte a ponořte sáček do vodní lázně. Vařte 1 hodinu. Když se časovač zastaví, vyjměte sáček a vyhoďte bobkový list. Sloužit.

Snadné brokolicové pyré

Doba přípravy + vaření: 60 minut | Stravování: 4

Ingredience

1 hlavička brokolice
1 hrnek zeleninového vývaru
3 lžíce másla
Sůl podle chuti

Instrukce

Připravte si vodní lázeň a umístěte do ní Sous Vide. Nastaveno na 186F.

Smíchejte brokolici, máslo a zeleninový vývar. Vložte do vakuově uzavíratelného sáčku. Uvolněte vzduch pomocí metody vytlačení vody, utěsněte a ponořte sáček do vodní lázně. Vařte 45 minut.

Když se časovač zastaví, vyjměte sáček a vypusťte. Šťávy na vaření uložte. Vložte brokolici do mixéru a rozmixujte dohladka. Nalijte trochu šťávy z vaření. Před podáváním dochuťte solí a pepřem.

Polévka s červeným chilli a brokolicí

Doba přípravy + vaření: 1 hodina 25 minut | Stravování: 8)

Ingredience

2 lžíce olivového oleje
1 velká cibule, nakrájená na kostičky
2 stroužky česneku, nakrájené na plátky
Sůl podle chuti
⅛ lžičky drcených červených chilli vloček
1 hlavička brokolice, nakrájená na růžičky
1 jablko, oloupané a nakrájené na kostičky
6 šálků zeleninového vývaru

Instrukce

Připravte si vodní lázeň a umístěte do ní Sous Vide. Nastaveno na 183F.

Rozpalte pánev s olejem na středním plameni, až se třpytí. Smažte cibuli, 1/4 lžíce soli a česnek 7 minut. Přidejte chilli vločky a dobře promíchejte. Odstraňte z tepla. Necháme vychladnout.

Směs jablek, brokolice, cibule a 1/4 lžíce soli dejte do uzavíratelného sáčku. Uvolněte vzduch pomocí metody vytlačení vody, utěsněte a ponořte sáček do vodní lázně. Vařte 1 hodinu.

Když se časovač zastaví, vyjměte sáček a přeneste jej do hrnce. Zalijeme zeleninovým vývarem a promícháme. Dochutíme solí a podáváme.

Pimento miso kukuřice se sezamem a medem

Doba přípravy + vaření: 45 minut | Stravování: 4

Ingredience

4 klasy kukuřice

6 lžic másla

3 polévkové lžíce červené miso pasty

1 lžička medu

1 lžička nového koření

1 polévková lžíce řepkového oleje

1 cibule, nakrájená na tenké plátky

1 lžička pražených sezamových semínek

Instrukce

Připravte si vodní lázeň a umístěte do ní Sous Vide. Nastavte na 183 F. Očistěte kukuřici a odřízněte klasy. Každou kukuřici pokryjte 2 lžícemi másla. Vložte do vakuově uzavíratelného sáčku. Uvolněte vzduch pomocí metody vytlačení vody, utěsněte a ponořte sáček do vodní lázně. Vařte 30 minut.

Mezitím smíchejte v misce 4 lžíce másla, 2 lžíce miso pasty, med, řepkový olej a nové koření. Dobře promíchejte. Odložit stranou. Když se časovač zastaví, vyjměte sáček a opečte kukuřici. Navrch rozetřete miso směs. Ozdobte sezamovým olejem a capesantou.

Krémové noky s hráškem

Doba přípravy + vaření: 1 hodina 50 minut | Stravování: 2

Ingredience

1 rolka noků

1 lžíce másla

½ na tenké plátky nakrájené sladké cibule

Sůl a černý pepř podle chuti

½ šálku mraženého hrášku

¼ šálku husté smetany

½ šálku strouhaného sýra Pecorino Romano

Instrukce

Připravte si vodní lázeň a umístěte do ní Sous Vide. Nastavte na 183 F. Vložte noky do vakuově uzavíratelného sáčku. Uvolněte vzduch pomocí metody vytlačení vody, utěsněte a ponořte sáček do vodní lázně. Vařte 1 hodinu a 30 minut.

Když se časovač zastaví, vyjměte sáček a odložte jej stranou. Na středním plameni rozehřejte pánev s máslem a 3 minuty smažte cibuli. Přidáme mražený hrášek a smetanu a povaříme. Noky přelijeme smetanovou omáčkou, dochutíme pepřem a solí a podáváme na talíři.

Salát s medovým jablkem a rukolou

Doba přípravy + vaření: 3 hodiny 50 minut | Stravování: 4

Ingredience

2 lžíce medu

2 jablka, hrst vyjmeme, rozpůlíme a nakrájíme na plátky

½ šálku vlašských ořechů, opečených a nasekaných

½ šálku strouhaného sýra Grana Padano

4 šálky rukoly

Mořská sůl podle chuti

<u>Oblékání</u>

¼ šálku olivového oleje

1 lžíce bílého vinného octa

1 lžička dijonské hořčice

1 stroužek česneku, nasekaný

Sůl podle chuti

Instrukce

Připravte si vodní lázeň a umístěte do ní Sous Vide. Nastavte na 158 F. Vložte med do skleněné nádoby a zahřívejte 30 sekund, přidejte jablka a dobře promíchejte. Vložte jej do vakuově uzavíratelného sáčku. Uvolněte vzduch pomocí metody vytlačení vody, utěsněte a ponořte sáček do vodní lázně. Vařte 30 minut.

Když se časovač zastaví, vyjměte sáček a přeneste jej na 5 minut do ledové vodní lázně. Dejte na 3 hodiny do lednice. Všechny ingredience na zálivku smícháme ve sklenici a dobře protřepeme. Necháme chvíli vychladit v lednici.

V misce smíchejte rukolu, vlašské ořechy a sýr Grana Padano. Přidejte plátky broskve. Přelijte zálivkou. Dochuťte solí a pepřem a podávejte.

Krabí maso s limetkovou máslovou omáčkou

Doba přípravy + vaření: 70 minut | Stravování: 4

Ingredience

6 stroužků česneku, mletého
Kůra a šťáva z ½ limetky
1 libra krabího masa
4 lžíce másla

Instrukce

Připravte si vodní lázeň a umístěte do ní Sous Vide. Nastavte na 137 F. Dobře promíchejte polovinu česneku, limetkovou kůru a polovinu limetkové šťávy. Odložit stranou. Směs krabího masa, másla a limetky vložte do uzavíratelného sáčku. Uvolněte vzduch pomocí metody vytlačení vody, utěsněte a ponořte sáček do vodní lázně. Vařte 50 minut. Když se časovač zastaví, vyjměte sáček. Šťávy z vaření vyhoďte.

Zahřejte pánev na středně nízkou teplotu a nalijte do ní zbývající máslo, zbývající limetkovou směs a zbývající limetkovou šťávu. Kraba podávejte ve 4 ramekinech pokapaných limetkovým máslem.

Rychlý losos severní cestou

Doba přípravy + vaření: 30 minut | Stravování: 4

Ingredience

1 lžíce olivového oleje

4 filety lososa, kůže

Sůl a černý pepř podle chuti

Kůra a šťáva z 1 citronu

2 lžíce žluté hořčice

2 lžíce sezamového oleje

Instrukce

Připravte si vodní lázeň a umístěte do ní Sous Vide. Nastavte na 114 F. Lososa osolte a opepřete. Smícháme citronovou kůru a šťávu, olej a hořčici. Lososa vložte do 2 vakuově uzavřených sáčků s hořčičnou směsí. Uvolněte vzduch metodou vytlačení vody, utěsněte a ponořte sáčky do vany. Vařte 20 minut. Na pánvi rozehřejte sezamový olej. Když se časovač zastaví, lososa vyjměte a osušte. Lososa přendejte na pánev a opékejte 30 sekund z každé strany.

Lahodný pstruh s hořčicí a tamari omáčkou

Doba přípravy + vaření: 35 minut | Stravování: 4

Ingredience

¼ šálku olivového oleje

4 filety ze pstruha, zbavené kůže a nakrájené na plátky

½ šálku omáčky Tamari

¼ šálku světle hnědého cukru

2 stroužky česneku, nakrájené

1 lžíce Colemanovy hořčice

Instrukce

Připravte si vodní lázeň a umístěte do ní Sous Vide. Nastavte na 130 F. Smíchejte omáčku Tamari, hnědý cukr, olivový olej a česnek. Vložte pstruha do vakuově uzavřeného sáčku se směsí tamari. Uvolněte vzduch pomocí metody vytlačení vody, utěsněte a ponořte sáček do vodní lázně. Vařte 30 minut.

Když se časovač zastaví, vyjměte pstruha a osušte kuchyňskou utěrkou. Šťávy z vaření vyhoďte. K podávání ozdobte omáčkou tamari a hořčicí.

Sezamový tuňák se zázvorovou omáčkou

Doba přípravy + vaření: 45 minut | Stravování: 6

Ingredience:

<u>tuňák:</u>

3 steaky z tuňáka

Sůl a černý pepř podle chuti

⅓ šálku olivového oleje

2 lžíce řepkového oleje

½ šálku černých sezamových semínek

½ šálku bílých sezamových semínek

<u>Zázvorová omáčka:</u>

1 cm zázvor, nastrouhaný

2 šalotky, mleté

1 mletá červená chilli papričky

3 polévkové lžíce vody

Šťáva ze 2 ½ limetek

1 ½ lžíce rýžového octa

2 ½ lžíce sójové omáčky

1 polévková lžíce rybí omáčky

1 ½ lžičky cukru

1 svazek listů salátu

instrukce:

Začněte omáčkou: postavte malou pánev na mírný oheň a přidejte olivový olej. Když je horký, přidejte zázvor a chilli. Vařte 3 minuty. Přidejte cukr a ocet, míchejte a vařte, dokud se cukr nerozpustí. Přidejte vodu a přiveďte k varu. Přidejte sójovou omáčku, rybí omáčku a limetkovou šťávu a vařte 2 minuty. Dejte stranou vychladnout.

Udělejte vodní lázeň, umístěte do ní Sous Vide a nastavte na 110 F. Tuňáka ochuťte solí a pepřem a vložte do 3 samostatných vakuově uzavíratelných sáčků. Přidejte olivový olej, uvolněte vzduch ze sáčku metodou vytěsňování vody, uzavřete a ponořte sáček do vodní lázně. Nastavte časovač na 30 minut.

Když se časovač zastaví, vyjměte a otevřete sáček. Tuňáka dejte stranou. Dejte pánev na mírný oheň a přidejte řepkový olej. Během zahřívání v míse smíchejte sezamová semínka. Tuňáka osušíme, posypeme sezamovými semínky a smažíme zespodu i zespodu na rozpáleném oleji, dokud se semínka nezačnou smažit.

Tuňáka nakrájíme na tenké proužky. Servírovací talíř přikryjte salátem a tuňáka naaranžujte na salátové lůžko. Podávejte se zázvorovou omáčkou jako předkrm.

Božský česnek Lemon Crab Rolls

Doba přípravy + vaření: 60 minut | Stravování: 4

Ingredience

4 lžíce másla
1 libra vařeného krabího masa
2 stroužky česneku, nakrájené
Kůra a šťáva z ½ citronu
½ šálku majonézy
1 cibule fenyklu, nakrájená
Sůl a černý pepř podle chuti
4 rohlíky, nakrájené, naolejované a opečené

Instrukce

Připravte si vodní lázeň a umístěte do ní Sous Vide. Nastavte na 137 F. Vmíchejte česnek, citronovou kůru a 1/4 šálku citronové šťávy. Krabí maso vložte do vakuově uzavřeného sáčku se směsí másla a citronu. Uvolněte vzduch pomocí metody vytlačení vody, utěsněte a ponořte sáček do vodní lázně. Vařte 50 minut.

Když se časovač zastaví, vyjměte sáček a přeneste jej do misky. Šťávy z vaření vyhoďte. Krabí maso smícháme se zbylou citronovou šťávou, majonézou, fenyklem, koprem, solí a pepřem. Před podáváním naplňte závitky směsí krabího masa.

Pikantní smažená chobotnice s citronovou omáčkou

Doba přípravy + vaření: 4 hodiny 15 minut | Stravování: 4

Ingredience

5 lžic olivového oleje

1 libra chapadla chobotnice

Sůl a černý pepř podle chuti

2 lžíce citronové šťávy

1 lžíce citronové kůry

1 polévková lžíce nasekané čerstvé petrželky

1 lžička tymiánu

1 lžička papriky

Instrukce

Připravte si vodní lázeň a umístěte do ní Sous Vide. Nastavte na 179 F. Nakrájejte chapadla na středně velké kousky. Dochuťte solí a pepřem. Délky vložte do vakuově uzavíratelného sáčku s olivovým olejem. Uvolněte vzduch pomocí metody vytlačení vody, utěsněte a ponořte sáček do vodní lázně. Vařte 4 hodiny.

Když se časovač zastaví, vyjměte chobotnici a osušte ji kuchyňskou utěrkou. Šťávy z vaření vyhoďte. Pokapejte olivovým olejem.

Rozpalte gril na střední teplotu a opékejte chapadla 10–15 sekund z každé strany. Odložit stranou. Dobře promíchejte citronovou šťávu, citronovou kůru, papriku, tymián a petrželku. Chobotnici přelijte citronovým dresinkem.

Kreolské špízy s krevetami

Doba přípravy + vaření: 50 minut | Stravování: 4

Ingredience

Kůra a šťáva z 1 citronu

6 lžic másla

2 stroužky česneku, nakrájené

Sůl a bílý pepř podle chuti

1 lžíce kreolského koření

1½ libry deveined krevety

1 lžíce mletého čerstvého kopru + na ozdobu

Plátky citronu

Instrukce

Připravte si vodní lázeň a umístěte do ní Sous Vide. Nastaveno na 137F.

Na pánvi na středním plameni rozpustíme máslo a přidáme česnek, kreolské koření, citronovou kůru a šťávu, sůl a pepř. Vařte 5 minut, dokud se máslo nerozpustí. Odstavte a nechte vychladnout.

Vložte krevety s máslovou směsí do vakuově uzavíratelného sáčku. Uvolněte vzduch pomocí metody vytlačení vody, utěsněte a ponořte sáček do vodní lázně. Vařte 30 minut.

Když se časovač zastaví, vyjměte krevety a osušte je kuchyňskou utěrkou. Šťávy z vaření vyhoďte. Napíchněte krevety na špízy a před podáváním ozdobte koprem a vymačkaným citronem.

Krevety s pikantní omáčkou

Doba přípravy + vaření: 40 minut + doba chlazení | Stravování: 5

Ingredience

2 libry krevet, očištěné a oloupané
1 šálek rajčatového protlaku
2 lžíce křenové omáčky
1 lžička citronové šťávy
1 lžička Tabasco omáčky
Sůl a černý pepř podle chuti

Instrukce

Připravte si vodní lázeň a umístěte do ní Sous Vide. Nastavte na 137 F. Vložte krevety do vakuově uzavíratelného sáčku. Uvolněte vzduch metodou vytlačení vody, utěsněte a ponořte sáček do vany. Vařte 30 minut.

Když se časovač zastaví, vyjměte sáček a přeneste jej na 10 minut do ledové vodní lázně. Nechte vychladit v lednici 1-6 hodin. Dobře promíchejte rajčatový protlak, křenovou omáčku, sójovou omáčku, citronovou šťávu, omáčku Tabasco, sůl a pepř. Podávejte krevety s omáčkou.

Mořský list se šalotkou a estragonem

Doba přípravy + vaření: 50 minut | Stravování: 2

Ingredience:

2 lb filety z halibuta

3 snítky estragonových listů

1 lžička česnekového prášku

1 lžička cibulového prášku

Sůl a bílý pepř podle chuti

2 ½ lžičky + 2 lžičky másla

2 šalotky, oloupané a rozpůlené

2 snítky tymiánu

Plátky citronu na ozdobu

instrukce:

Udělejte vodní lázeň, umístěte do ní Sous Vide a nastavte ji na 124 F. Filety halibuta nakrájejte na 3 kusy a potřete je solí, česnekovým práškem, cibulovým práškem a pepřem. Vložte filety, estragon a 2 ½ lžičky másla do 3 samostatných uzavíratelných sáčků. Uvolněte vzduch pomocí metody vytlačení vody a utěsněte sáčky. Vložte je do vodní lázně a vařte 40 minut.

Když se časovač zastaví, vyjměte a otevřete sáčky. Pánev dejte na mírný oheň a přidejte zbývající máslo. Po zahřátí odstraňte kůži z halibuta a osušte. Přidejte halibuta se šalotkou a tymiánem a opékejte zespodu i nahoře dokřupava. Ozdobte plátky citronu. Podávejte s přílohou dušené zeleniny.

Bylinné máslo z tresky citronové

Doba přípravy + vaření: 37 minut | Stravování: 6

Ingredience

8 lžic másla

6 filetů tresky

Sůl a černý pepř podle chuti

Kůra z ½ citronu

1 polévková lžíce mletého čerstvého kopru

½ lžíce nasekané čerstvé pažitky

½ lžíce nasekané čerstvé bazalky

½ lžíce mleté čerstvé šalvěje

Instrukce

Připravte si vodní lázeň a umístěte do ní Sous Vide. Nastavte na 134 F. Tresku ochuťte solí a pepřem. Vložte tresku a citronovou kůru do vakuově uzavíratelného sáčku.

Máslo, polovinu kopru, pažitku, bazalku a šalvěj dejte do samostatného vakuově uzavřeného sáčku. Uvolněte vzduch metodou vytlačení vody, uzavřete a ponořte oba sáčky do vodní lázně. Vařte 30 minut.

Když se časovač zastaví, vyjměte tresku a osušte ji kuchyňskou utěrkou. Šťávy z vaření vyhoďte. Vyjměte máslo z druhého sáčku a nalijte na tresku. Ozdobte zbylým koprem.

Odfrkněte si s Beurre Nantaisem

Doba přípravy + vaření: 45 minut | Stravování: 6

Ingredience:

kanice:

2 lb grouper, nakrájený na 3 kusy

1 lžička kmínového prášku

½ lžičky česnekového prášku

½ lžičky cibulového prášku

½ lžičky koriandrového prášku

¼ šálku koření na ryby

¼ šálku oleje z vlašských ořechů

Sůl a bílý pepř podle chuti

Beurre Blanc:

1 lb másla

2 lžíce jablečného octa

2 šalotky, mleté

1 lžička drceného pepře

5 uncí těžké smetany,

Sůl podle chuti

2 snítky kopru

1 polévková lžíce citronové šťávy

1 polévková lžíce šafránového prášku

instrukce:

Udělejte vodní lázeň, vložte do ní Sous Vide a nastavte ji na 132 F. Kousky kanice ochuťte solí a bílým pepřem. Vložte do vakuově uzavíratelného sáčku, uvolněte vzduch pomocí metody vytěsňování vody, uzavřete a ponořte sáček do vodní lázně. Nastavte časovač na 30 minut. Smíchejte kmín, česnek, cibuli, koriandr a koření na ryby. Odložit stranou.

Mezitím si připravte beurre blanc. Umístěte pánev na střední teplotu a přidejte šalotku, ocet a pepř. Vařte, abyste získali sirup. Snižte teplotu na minimum a za stálého míchání přidejte máslo. Přidejte kopr, citronovou šťávu a šafránový prášek, neustále míchejte a vařte 2 minuty. Přidejte smetanu a dochuťte solí. Vařte 1 minutu. Vypněte teplo a dejte stranou.

Když se časovač zastaví, vyjměte a otevřete sáček. Dejte pánev na střední teplotu, přidejte ořechový olej. Kůru osušíme, ochutíme kořenící směsí a orestujeme na rozpáleném oleji. Podávejte kanice a beurre nantais s přílohou restovaného špenátu.

Tuňákové vločky

Doba přípravy + vaření: 1 hodina 45 minut | Stravování: 4

Ingredience:

¼ lb steak z tuňáka
1 lžička listů rozmarýnu
1 lžička lístků tymiánu
2 šálky olivového oleje
1 stroužek česneku, nasekaný

instrukce:

Udělejte vodní lázeň, umístěte do ní Sous Vide a nastavte ji na 135 F. Do vakuově uzavíratelného sáčku vložte steak z tuňáka, sůl, rozmarýn, česnek, tymián a dvě lžíce oleje. Uvolněte vzduch pomocí metody vytlačení vody, utěsněte a ponořte sáček do vodní lázně. Nastavte časovač na 1 hodinu 30 minut.

Když se časovač zastaví, vyjměte sáček. Tuňáka dejte do misky a dejte stranou. Dejte pánev na vysokou teplotu, přidejte zbývající olivový olej. Po zahřátí nalijte na tuňáka. Tuňáka nastrouhejte dvěma vidličkami. Přeneste a skladujte ve vzduchotěsné nádobě s olivovým olejem po dobu až jednoho týdne. Podáváme v salátech.

Hřebenatky na másle

Doba přípravy + vaření: 55 minut | Stravování: 3

Ingredience:

½ lb mušle
3 lžičky másla (2 lžičky na vaření + 1 lžička na smažení)
Sůl a černý pepř podle chuti

instrukce:

Udělejte vodní lázeň, umístěte do ní Sous Vide a nastavte na 140 F. Hřebenatky osušte papírovou utěrkou. Vložte mušle, sůl, 2 lžíce másla a pepř do uzavíratelného sáčku. Uvolněte vzduch pomocí metody vytěsňování vody, utěsněte a ponořte sáček do vodní lázně a nastavte časovač na 40 minut.

Když se časovač zastaví, vyjměte a otevřete sáček. Hřebenatky osušte papírovou utěrkou a dejte stranou. Umístěte pánev na střední teplotu a přidejte zbývající máslo. Po rozpuštění opečte mušle z obou stran do zlatova. Podáváme s přílohou máslové míchané zeleniny.

Mátové sardinky

Doba přípravy + vaření: 1 hodina 20 minut | Stravování: 3

Ingredience:

2 libry sardinek
¼ šálku olivového oleje
3 stroužky česneku, rozdrcené
1 velký citron, čerstvě vymačkaný
2 snítky čerstvé máty
Sůl a černý pepř podle chuti

instrukce:

Umyjte a očistěte každou rybu, ale ponechte si kůži. Osušte kuchyňským papírem.

Ve velké míse smíchejte olivový olej s česnekem, citronovou šťávou, čerstvou mátou, solí a pepřem. Sardinky dejte spolu s marinádou do velkého vakuově uzavíratelného sáčku. Vařte ve vodní lázni po dobu jedné hodiny při 104 F. Vyjměte z lázně a sceďte, ale omáčku si uschovejte. Rybu přelijeme omáčkou a dušeným pórkem.

Pražma na bílém víně

Doba přípravy + vaření: 2 hodiny | Stravování: 2

Ingredience:

1 libra pražmy, asi 1 palec silná, očištěná
1 šálek extra panenského olivového oleje
1 citron, vymačkaná šťáva
1 polévková lžíce cukru
1 polévková lžíce sušeného rozmarýnu
½ lžíce sušeného oregana
2 stroužky česneku, rozdrcené
½ šálku bílého vína
1 lžička mořské soli

instrukce:

Ve velké míse smíchejte olivový olej s citronovou šťávou, cukrem, rozmarýnem, oreganem, prolisovaným česnekem, vínem a solí. Do této směsi namáčejte ryby a dejte na hodinu marinovat do lednice. Vyndejte z lednice a sceďte, ale tekutinu si nechte na podávání. Vložte filety do velkého vakuově uzavíratelného sáčku a utěsněte. Vařte jednu Sous Vide po dobu 40 minut při 122 F. Filety pokapejte zbývající marinádou a podávejte.

Salát z lososa a kapusty s avokádem

Příprava + doba vaření: 1 hodina | Stravování: 3

Ingredience:

1 libra filetů z lososa bez kůže

Sůl a černý pepř podle chuti

½ bio citronu, vymačkané ve šťávě

1 lžíce olivového oleje

1 šálek kapustových listů, nakrájených

½ šálku pečené mrkve, nakrájené na plátky

½ zralého avokáda nakrájíme na malé kostičky

1 polévková lžíce čerstvého kopru

1 lžíce čerstvé petrželové natě

instrukce:

Filet z obou stran osolte a opepřete a vložte do velkého vakuově uzavíratelného sáčku. Uzavřete sáček a vařte en sous vide 40 minut při 122 F. Vyjměte lososa z vodní lázně a dejte stranou.

V míse mixéru smícháme citronovou šťávu, špetku soli a černého pepře a za stálého míchání postupně přiléváme olivový olej. Přidejte nakrájenou kapustu a promíchejte, aby se rovnoměrně obalila vinaigrettou. Přidejte opečenou mrkev, avokádo, kopr a petržel. Jemně promíchejte, aby se spojily. Přendejte do servírovací mísy a podávejte s lososem nahoře.

Zázvorový losos

Doba přípravy + vaření: 45 minut | Stravování: 4

Ingredience:

4 filety lososa s kůží
2 lžíce sezamového oleje
1 ½ olivového oleje
2 lžíce strouhaného zázvoru
2 lžíce cukru

instrukce:

Udělejte vodní lázeň, umístěte do ní Sous Vide a nastavte na 124F. Lososa osolíme a opepříme. Zbývající ingredience dejte do mísy a promíchejte.

Směs lososa a cukru vložte do dvou vakuově uzavíratelných sáčků, uvolněte vzduch metodou vytěsňování vody, uzavřete a ponořte sáček do vodní lázně. Nastavte časovač na 30 minut.

Když se časovač zastaví, vyjměte a otevřete sáček. Umístěte pánev na střední teplotu, na dno položte kus pergamenu a zahřejte. Přidejte lososa kůží dolů a opékejte každý 1 minutu. Podávejte s máslem namazanou brokolicí.

Mušle v čerstvé limetkové šťávě

Doba přípravy + vaření: 40 minut | Stravování: 2

Ingredience:

1 libra čerstvých škeblí bez vousů
1 střední cibule, oloupaná a najemno nakrájená
Stroužek česneku, drcený
½ šálku čerstvě vymačkané limetkové šťávy
¼ šálku čerstvé petrželky, jemně nasekané
1 lžíce nadrobno nasekaného rozmarýnu
2 lžíce olivového oleje

instrukce:

Slávky vložte do velkého vakuově uzavíratelného sáčku spolu s limetkovou šťávou, česnekem, cibulí, petrželkou, rozmarýnem a olivovým olejem. Vařte jeden Sous Vide po dobu 30 minut při 122 F. Podávejte se zeleným salátem.

Steaky z tuňáka marinované s bylinkami

Doba přípravy + vaření: 1 hodina 25 minut | Stravování: 5

Ingredience:

2 libry steaků z tuňáka, asi 1 palec tlustý
1 lžička sušeného tymiánu, mletého
1 lžička čerstvé bazalky, jemně nasekané
¼ šálku jemně nakrájené šalotky
2 lžíce čerstvé petrželky, nasekané nadrobno
1 lžíce čerstvého kopru, jemně nasekaného
1 lžička čerstvě nastrouhané citronové kůry
½ šálku sezamových semínek
4 lžíce olivového oleje
Sůl a černý pepř podle chuti

instrukce:

Filety z tuňáka omyjte pod tekoucí studenou vodou a osušte je kuchyňským papírem. Odložit stranou.

Ve velké míse smícháme tymián, bazalku, šalotku, petržel, kopr, olej, sůl a pepř. Míchejte, dokud se dobře nespojí, a pak steaky namáčejte v této marinádě. Dobře zakryjte a dejte na 30 minut do lednice.

Vložte steaky s marinádou do velkého vakuově uzavíratelného sáčku. Stiskněte sáček, abyste odstranili vzduch a zavřete víko. Vařte jeden Sous Vide 40 minut při 131 stupních.

Vyjměte steaky ze sáčku a položte je na kuchyňský papír. Jemně osušte a odstraňte bylinky. Rozpalte pánev na vysokou. Steaky obalte v sezamu a přendejte na pánev. Vařte 1 minutu z každé strany a stáhněte z ohně.

Placičky z krabího masa

Doba přípravy + vaření: 65 minut | Stravování: 4

Ingredience:

1 libra kusového krabího masa

1 šálek červené cibule, jemně nakrájené

½ šálku červené papriky, jemně nasekané

2 lžíce chilli, jemně nasekané

1 lžíce celerových listů, jemně nasekaných

1 polévková lžíce petrželové natě nasekané nadrobno

½ lžičky estragonu, jemně nasekaného

Sůl a černý pepř podle chuti

4 lžíce olivového oleje

2 lžíce mandlové mouky

3 vejce, rozšlehaná

instrukce:

Na pánvi rozehřejte 2 lžíce olivového oleje a přidejte cibuli. Za stálého míchání opékejte do zesklovatění a přidejte nakrájenou červenou papriku a chilli. Za stálého míchání vaříme 5 minut.

Přeneste do velké mísy. Přidejte krabí maso, celer, petržel, estragon, sůl, pepř, mandlovou mouku a vejce. Dobře promícháme a ze směsi tvarujeme placičky o průměru 2 cm. Jemně rozdělte masové kuličky mezi 2 vakuově uzavřené sáčky a uzavřete je. Vařte v sous vide po dobu 40 minut při 122 F.

Zahřejte zbývající olivový olej na nepřilnavé pánvi na vysokou teplotu. Vyjměte masové kuličky z vodní lázně a vložte je do pánve. Smažte krátce z obou stran 3-4 minuty a podávejte.

Chilli taveniny

Doba přípravy + vaření: 1 hodina 15 minut | Stravování: 5

Ingredience:

1 libra čerstvých vůní

½ šálku citronové šťávy

3 stroužky česneku, rozdrcené

1 lžička soli

1 šálek extra panenského olivového oleje

2 lžíce čerstvého kopru, jemně nasekaného

1 lžíce pažitky, mleté

1 lžíce chilli, mleté

instrukce:

Slad propláchněte pod tekoucí studenou vodou a sceďte. Odložit stranou.

Ve velké míse smíchejte olivový olej s citronovou šťávou, prolisovaným česnekem, mořskou solí, nadrobno nasekaným koprem, mletou pažitkou a chilli. Do této směsi vložte lžíce a přikryjte. Dejte na 20 minut do lednice.

Vyndejte z lednice a spolu s marinádou vložte do velkého vaku, který lze vakuově uzavřít. Vařte v sous vide po dobu 40 minut při 104 F. Vyjměte z vodní lázně a sceďte, ale tekutinu uschovejte.

Rozpalte velkou pánev na střední teplotu. Přidejte brandy a krátce povařte 3–4 minuty za obracení. Odstraňte z tepla a přeneste na servírovací talíř. Přelijeme marinádou a ihned podáváme.

Marinované filety ze sumce

Doba přípravy + vaření: 1 hodina 20 minut | Stravování: 3

Ingredience:

1 libra filé ze sumce

½ šálku citronové šťávy

½ šálku petrželové natě, jemně nasekané

2 stroužky česneku, rozdrcené

1 šálek cibule, jemně nakrájené

1 lžíce čerstvého kopru, jemně nasekaného

1 polévková lžíce čerstvých listů rozmarýnu, jemně nasekaných

2 šálky čerstvě vymačkané jablečné šťávy

2 lžíce dijonské hořčice

1 šálek extra panenského olivového oleje

instrukce:

Ve velké míse smícháme citronovou šťávu, petrželovou nať, prolisovaný česnek, nadrobno nakrájenou cibuli, čerstvý kopr, rozmarýn, jablečnou šťávu, hořčici a olivový olej. Míchejte, dokud se dobře nezapracuje. V této směsi namáčejte filety a přikryjte těsnou pokličkou. Chladíme 30 minut.

Vyjměte z chladničky a vložte do 2 vakuově uzavřených sáčků. Přikryjte a vařte v sous vide 40 minut při 122 F. Vyjměte a sceďte; rezervní kapalina. Podávejte přelité vlastní tekutinou.

Petrželové krevety s citronem

Doba přípravy + vaření: 35 minut | Stravování: 4

Ingredience:

12 velkých krevet, oloupaných a nakrájených na kousky
1 lžička soli
1 lžička cukru
3 lžičky olivového oleje
1 bobkový list
1 snítka petrželky, nasekaná
2 lžíce citronové kůry
1 polévková lžíce citronové šťávy

instrukce:

Udělejte vodní lázeň, umístěte do ní Sous Vide a nastavte ji na 156 F. Přidejte krevety, sůl a cukr do misky, promíchejte a nechte 15 minut uležet. Vložte krevety, bobkový list, olivový olej a citronovou kůru do vakuově uzavřeného sáčku. Vypusťte vzduch pomocí metody vytlačení vody a utěsnění. Ponořte do lázně a vařte 10 minut. Když se časovač zastaví, vyjměte a otevřete sáček. Posypte krevety a pokapejte citronovou šťávou.

Sous Vide halibut

Doba přípravy + vaření: 1 hodina 20 minut | Stravování: 4

Ingredience:

1 libra filetů z halibuta
3 lžíce olivového oleje
¼ šálku šalotky, jemně nasekané
1 lžička čerstvě nastrouhané citronové kůry
½ lžičky sušeného tymiánu, mletého
1 lžíce čerstvé petrželky, jemně nasekané
1 čajová lžička čerstvého kopru, jemně nakrájeného
Sůl a černý pepř podle chuti

instrukce:

Rybu omyjte pod tekoucí studenou vodou a osušte kuchyňským papírem. Nakrájejte na tenké plátky, posypte solí a pepřem. Vložte do velkého uzavíratelného sáčku a přidejte dvě lžíce olivového oleje. Dochutíme šalotkou, tymiánem, petrželkou, koprem, solí a pepřem.

Stiskněte sáček, abyste odstranili vzduch a zavřete víko. Sáček protřepejte, aby se všechny filety obalily kořením, a před vařením dejte na 30 minut do lednice. Vařte v sous vide po dobu 40 minut při 131 F.

Sáček vyjmeme z vody a dáme na chvíli do chladu. Položte na kuchyňský papír a sceďte. Odstraňte bylinky.

Zbývající olej rozehřejte ve velké pánvi na vysokou teplotu. Přidejte filety a vařte 2 minuty. Filety otočte a vařte asi 35–40 sekund, poté stáhněte z plotny. Rybu opět položte na papírovou utěrku a odstraňte přebytečný tuk. Ihned podávejte.

Podrážka s citronovým máslem

Doba přípravy + vaření: 45 minut | Stravování: 3

Ingredience:

3 filety z podrážky
1 ½ lžíce nesoleného másla
¼ šálku citronové šťávy
½ lžičky citronové kůry
Citronový pepř podle chuti
1 snítka petrželky na ozdobu

instrukce:

Udělejte vodní lázeň, umístěte do ní Sous Vide a nastavte ji na 132 F. Osušte podrážku a vložte ji do 3 samostatných vakuově uzavíratelných sáčků. Uvolněte vzduch pomocí metody vytlačení vody a utěsněte sáčky. Ponořte do vodní lázně a nastavte časovač na 30 minut.

Umístěte malou pánev na střední teplotu, přidejte máslo. Jakmile se rozpustí, odstraňte z tepla. Přidejte citronovou šťávu a citronovou kůru a promíchejte.

Když se časovač zastaví, vyjměte a otevřete sáček. Filety z pražmy položte na servírovací talíře, pokapejte máslovou omáčkou a ozdobte petrželkou. Podávejte s přílohou dušené zelené zeleniny.

Bazalkový guláš

Doba přípravy + vaření: 50 minut | Stravování: 4

Ingredience:

1 libra filetů z tresky
1 šálek pečených rajčat
1 lžíce bazalky, sušené
1 šálek rybího vývaru
2 lžíce rajčatového protlaku
3 stonky celeru, nakrájené nadrobno
1 mrkev, nakrájená
¼ šálku olivového oleje
1 cibule, nakrájená nadrobno
½ šálku hub

instrukce:

Ve velké pánvi na středním plameni rozehřejte olivový olej. Přidejte celer, cibuli a mrkev. Smažte 10 minut za míchání. Sundejte z ohně a přendejte do vakuově uzavíratelného sáčku s ostatními ingrediencemi. Vařte v sous vide po dobu 40 minut při 122 F.

Jednoduchá tilapie

Příprava + doba vaření: 1 hodina 10 minut | Stravování: 3

Ingredience

3 (4 unce) filé tilapie
3 lžíce másla
1 polévková lžíce jablečného octa
Sůl a černý pepř podle chuti

instrukce:

Připravte si vodní lázeň, umístěte do ní Sous Vide a nastavte ji na 124 F. Ochuťte tilapii pepřem a solí a vložte ji do vakuově uzavíratelného sáčku. Uvolněte vzduch pomocí metody vytlačení vody a utěsněte sáček. Ponořte jej do vodní lázně a nastavte časovač na 1 hodinu.

Když se časovač zastaví, vyjměte a otevřete sáček. Umístěte pánev na střední teplotu a přidejte máslo a ocet. Za stálého míchání dusíme, dokud se ocet nezredukuje na polovinu. Přidejte tilapii a zlehka orestujte. Pokud chcete, dochuťte solí a pepřem. Podávejte se zeleninou namazanou máslem.

Losos s chřestem

Příprava + doba vaření: 3 hodiny 15 minut | Stravování: 6

Ingredience:

1 libra filetu z divokého lososa
1 lžíce olivového oleje
1 polévková lžíce sušeného oregana
12 středně velkého chřestu
4 kolečka bílé cibule
1 lžíce čerstvé petrželky
Sůl a černý pepř podle chuti

instrukce:

Filet z obou stran ochutíme oreganem, solí, pepřem a lehce pokapeme olivovým olejem.

Vložte do velké vakuově uzavíratelné nádoby s ostatními přísadami. V míse smícháme všechno koření. Směs rovnoměrně potřete z obou stran steaku a vložte do velkého vakuově uzavíratelného sáčku. Uzavřete sáček a vařte v sous vide po dobu 3 hodin při 136F.

Makrela na kari

Doba přípravy + vaření: 55 minut | Stravování: 3

Ingredience:

3 filety z makrely, odstraněné hlavy
3 lžíce kari pasty
1 lžíce olivového oleje
Sůl a černý pepř podle chuti

instrukce:

Udělejte vodní lázeň, umístěte do ní Sous Vide a nastavte ji na 120 F. Okořeňte makrelu pepřem a solí a vložte ji do vakuově uzavíratelného sáčku. Uvolněte vzduch pomocí metody vytlačení vody, uzavřete a ponořte do vodní lázně a nastavte časovač na 40 minut.

Když se časovač zastaví, vyjměte a otevřete sáček. Umístěte pánev na střední teplotu, přidejte olivový olej. Namažte makrelu kari (makrelu nesušte)

Za tepla přidejte makrelu a smažte do zlatohněda. Podávejte s přílohou dušené zelené listové zeleniny.

Chobotnice s rozmarýnem

Příprava + doba vaření: 1 hodina a 15 minut | Stravování: 3

Ingredience:

1 libra čerstvé chobotnice, celá
½ šálku extra panenského olivového oleje
1 lžíce růžové himalájské soli
1 polévková lžíce sušeného rozmarýnu
3 stroužky česneku, rozdrcené
3 cherry rajčata, rozpůlená

instrukce:

Každou chobotnici důkladně opláchněte pod tekoucí vodou. Pomocí ostrého nože sejměte hlavy a očistěte každou chobotnici.

Ve velké míse smícháme olivový olej se solí, sušeným rozmarýnem, cherry rajčátky a prolisovaným česnekem. Do této směsi ponořte olihně a nechte 1 hodinu v lednici. Poté vyjměte a sceďte. Chobotnici a cherry rajčata vložte do velkého vakuově uzavíratelného sáčku. Vařte en sous vide jednu hodinu při 136 F.

Smažené citronové krevety

Doba přípravy + vaření: 50 minut | Stravování: 3

Ingredience:

1 libra krevet, oloupaných a zbavených
3 lžíce olivového oleje
½ šálku čerstvě vymačkané citronové šťávy
1 stroužek česneku, rozdrcený
1 lžička čerstvého drceného rozmarýnu
1 lžička mořské soli

instrukce:

Olivový olej smícháme s citronovou šťávou, prolisovaným česnekem, rozmarýnem a solí. Směsí potřete každou krevetu kuchyňským kartáčem a vložte do velkého vakuově uzavíratelného sáčku. Vařte v sous vide 40 minut při 104 F.

Grilovaná chobotnice

Příprava + doba vaření: 5 hodin 20 minut | Stravování: 3

Ingredience:

½ lb střední chapadla chobotnice, blanšírovaná
Sůl a černý pepř podle chuti
3 lžičky + 3 lžíce olivového oleje
2 lžičky sušeného oregana
2 snítky čerstvé petrželky, nasekané
Led do ledové koupele

instrukce:

Udělejte vodní lázeň, umístěte do ní Sous Vide a nastavte na 171F.

Do vakuově uzavřeného sáčku dejte chobotnici, sůl, 3 lžičky olivového oleje a pepř. Uvolněte vzduch pomocí metody vytlačení vody, utěsněte a ponořte sáček do vodní lázně. Nastavte časovač na 5 hodin.

Když se časovač zastaví, vyjměte sáček a zakryjte jej v ledové lázni. Odložit stranou. Předehřejte gril.

Když je gril rozpálený, přendejte chobotnici na talíř, přidejte 3 lžíce olivového oleje a promasírujte. Chobotnici grilujeme tak, aby byla z každé strany pěkně opečená. Posypte chobotnici a ozdobte petrželkou a oreganem. Podávejte se sladkou, pikantní omáčkou.

Steaky z divokého lososa

Doba přípravy + vaření: 1 hodina 25 minut | Stravování: 4

Ingredience:

2 libry steaků z divokého lososa
3 stroužky česneku, rozdrcené
1 lžíce čerstvého rozmarýnu, nasekaného najemno
1 polévková lžíce čerstvě vymačkané citronové šťávy
1 polévková lžíce čerstvě vymačkané pomerančové šťávy
1 lžička pomerančové kůry
1 lžička růžové himalájské soli
1 šálek rybího vývaru

instrukce:

Pomerančovou šťávu smícháme s citronovou šťávou, rozmarýnem, česnekem, pomerančovou kůrou a solí. Každý steak potřete směsí a dejte na 20 minut do lednice. Přendejte do velkého uzavíratelného sáčku a přidejte rybí vývar. Uzavřete sáček a vařte v sous vide po dobu 50 minut při 131 F.

Předehřejte velkou nepřilnavou grilovací pánev. Vyjměte steaky z vakuově uzavíratelného sáčku a grilujte 3 minuty z každé strany, dokud lehce nezhnědnou.

Guláš z tilapie

Doba přípravy + vaření: 65 minut | Stravování: 3

Ingredience:

1 libra filé tilapie

½ šálku cibule, jemně nakrájené

1 šálek mrkve, jemně nakrájené

½ šálku lístků koriandru, jemně nasekaných

3 stroužky česneku, nakrájené nadrobno

1 šálek zelené papriky, jemně nasekané

1 lžička italského koření

1 lžička kajenského pepře

½ lžičky chilli

1 šálek čerstvé rajčatové šťávy

Sůl a černý pepř podle chuti

3 lžíce olivového oleje

instrukce:

Zahřejte olivový olej na středním plameni. Přidejte nakrájenou cibuli a za stálého míchání opékejte, dokud nebude průhledná.

Nyní přidejte papriku, mrkev, česnek, koriandr, směs italského koření, kajenský pepř, chilli papričku, sůl a černý pepř. Dobře promíchejte a vařte dalších deset minut.

Odstraňte z tepla a přeneste do velkého vakuově uzavíratelného sáčku spolu s rajčatovou šťávou a filety tilapie. Vařte v sous vide 50 minut při 122 F. Vyjměte z vodní lázně a podávejte.

Máslové škeble s kuličkami pepře

Doba přípravy + vaření: 1 hodina 30 minut | Stravování: 2

Ingredience:

4 oz konzervované škeble

¼ šálku suchého bílého vína

1 nakrájený stonek celeru

1 pastinák nakrájený na kostičky

1 rozčtvrcená šalotka

1 bobkový list

1 lžíce kuliček černého pepře

1 lžíce olivového oleje

8 lžic másla, pokojová teplota

1 polévková lžíce nasekané čerstvé petrželky

2 stroužky česneku, nakrájené

Sůl podle chuti

1 lžička čerstvě mletého černého pepře

¼ šálku panko strouhanky

1 bageta, nakrájená na plátky

instrukce:

Připravte si vodní lázeň a umístěte do ní Sous Vide. Nastavte na 154 F. Vložte škeble, šalotku, celer, pastinák, víno, kuličky pepře, olivový olej a bobkový list do uzavíratelného sáčku. Uvolněte vzduch pomocí metody vytlačení vody, utěsněte a ponořte sáček do vodní lázně. Vařte 60 minut.

Pomocí mixéru vlijte máslo, petržel, sůl, česnek a mletý pepř. Míchejte na střední rychlost, dokud se nespojí. Vložte směs do plastového sáčku a srolujte. Vložte do lednice a nechte vychladnout.

Když se časovač zastaví, odstraňte šneky a zeleninu. Šťávy z vaření vyhoďte. Zahřejte pánev na vysokou teplotu. Skořápky potřete máslem, posypte strouhankou a vařte 3 minuty, dokud se nerozpustí. Podávejte s teplými plátky bagety.

Koriandrový pstruh

Doba přípravy + vaření: 60 minut | Stravování: 4

Ingredience:

2 libry pstruha, 4 kusy
5 stroužků česneku
1 polévková lžíce mořské soli
4 lžíce olivového oleje
1 šálek koriandrových listů, jemně nasekaných
2 lžíce nadrobno nasekaného rozmarýnu
¼ šálku čerstvě vymačkané citronové šťávy

instrukce:

Rybu dobře očistěte a opláchněte. Osušte kuchyňským papírem a posypte solí. Smíchejte česnek s olivovým olejem, koriandrem, rozmarýnem a citronovou šťávou. Směsí naplňte každou rybu. Vložte do samostatných vakuově uzavíratelných sáčků a utěsněte. Vařte jeden Sous Vide po dobu 45 minut při 131 F.

Kroužky olihně

Doba přípravy + vaření: 1 hodina 25 minut | Stravování: 3

Ingredience:

2 šálky kroužků olihně
1 polévková lžíce čerstvého rozmarýnu
Sůl a černý pepř podle chuti
½ šálku olivového oleje

instrukce:

Smíchejte kroužky chobotnice s rozmarýnem, solí, pepřem a olivovým olejem ve velkém čistém plastovém sáčku. Sáček uzavřete a několikrát s ním zatřeste, aby byl dobře zakrytý. Přeneste do velké vakuově uzavíratelné nádoby a sáček utěsněte. Vařte v sous vide 1 hodinu a 10 minut při 131 F. Vyjměte z vodní lázně a podávejte.

Chilli salát s krevetami a avokádem

Doba přípravy + vaření: 45 minut | Stravování: 4

Ingredience:

1 nakrájenou červenou cibuli

Šťáva ze 2 limetek

1 lžička olivového oleje

¼ lžičky mořské soli

⅛ lžičky bílého pepře

1 libra syrových krevet, oloupaných a zbavených žilek

1 nakrájené rajče

1 na kostičky nakrájené avokádo

1 zelená chilli paprička, zbavená semínek a nakrájená na kostičky

1 lžíce nasekaného koriandru

instrukce:

Připravte si vodní lázeň a umístěte do ní Sous Vide. Nastaveno na 148F.

Vložte limetkovou šťávu, červenou cibuli, mořskou sůl, bílý pepř, olivový olej a krevety do uzavíratelného sáčku. Uvolněte vzduch pomocí metody vytlačení vody, utěsněte a ponořte sáček do vodní lázně. Vařte 24 minut.

Když se časovač zastaví, vyjměte sáček a přeneste jej na 10 minut do ledové vodní lázně. Smíchejte rajčata, avokádo, zelený pepř a koriandr v misce. Navrch nasypte obsah sáčku.

Máslové červené listové těsto s citrusovou šafránovou omáčkou

Doba přípravy + vaření: 55 minut | Stravování: 4

Ingredience

4 kusy očištěné klobásy

2 lžíce másla

Sůl a černý pepř podle chuti

<u>Na citrusovou omáčku</u>

1 citron

1 grapefruit

1 limetka

3 pomeranče

1 lžička dijonské hořčice

2 lžíce řepkového oleje

1 žlutá cibule

1 cuketa nakrájená na kostičky

1 lžička šafránové nitě

1 lžička nakrájeného chilli

1 polévková lžíce cukru

3 šálky rybího vývaru

3 lžíce nasekaného koriandru

Instrukce

Připravte si vodní lázeň a umístěte do ní Sous Vide. Nastavte na 132 F. Filety z panenky osolte a opepřete a vložte do vakuově uzavíratelného sáčku. Uvolněte vzduch pomocí metody vytlačení vody, utěsněte a ponořte sáček do vodní lázně. Vařte 30 minut.

Ovoce oloupeme a nakrájíme na kostičky. Na pánvi rozehřejte olej na středním plameni a přidejte cibuli a cuketu. Smažte 2-3 minuty. Přidejte ovoce, šafrán, pepř, hořčici a cukr. Vařte ještě 1 minutu. Smíchejte rybí vývar a vařte 10 minut. Ozdobte koriandrem a dejte stranou. Když se časovač zastaví, vyjměte rybu a položte ji na talíř. Poléváme citrusovo-šafránovou omáčkou a podáváme.

Filet z tresky v sezamové krustě

Doba přípravy + vaření: 45 minut | Stravování: 2

Ingredience

1 velký filet z tresky

2 lžíce sezamové pasty

1½ lžičky hnědého cukru

2 lžíce rybí omáčky

2 lžíce másla

sezamové semínko

Instrukce

Připravte si vodní lázeň a umístěte do ní Sous Vide. Nastaveno na 131F.

Tresku namočte do směsi hnědého cukru, sezamové pasty a rybí omáčky. Vložte do vakuově uzavíratelného sáčku. Uvolněte vzduch pomocí metody vytlačení vody, utěsněte a ponořte sáček do vodní lázně. Vařte 30 minut. Na pánvi na středním plameni rozpustíme máslo.

Když se časovač zastaví, vyjměte tresku a přesuňte ji na pánev a smažte 1 minutu. Podávejte na talíři. Nalijte šťávu z vaření do pánve a vařte, dokud se nezredukuje. Přidejte 1 lžíci másla a promíchejte.

Tresku přelijeme omáčkou a ozdobíme sezamovými semínky. Podáváme s rýží.

Smetanový losos se špenátem a hořčičnou omáčkou

Doba přípravy + vaření: 55 minut | Stravování: 2

měpřísady

4 filety lososa bez kůže
1 velký svazek špenátu
½ šálku dijonské hořčice
1 šálek husté smetany
1 šálek půl na půl smetany
1 polévková lžíce citronové šťávy
Sůl a černý pepř podle chuti

Instrukce

Připravte si vodní lázeň a umístěte do ní Sous Vide. Nastavte na 115 F. Vložte lososa ochuceného solí do vakuově uzavíratelného sáčku. Uvolněte vzduch pomocí metody vytlačení vody, utěsněte a ponořte sáček do vodní lázně. Vařte 45 minut.

Zahřejte hrnec na středním plameni a vařte špenát, dokud nezměkne. Snižte teplotu a vlijte citronovou šťávu, pepř a sůl. Pokračujte ve vaření. Rozpálíme pánev na středním plameni a vmícháme půl na půl smetany a dijonskou hořčici. Snižte teplotu a vařte. Dochuťte solí a pepřem. Když se časovač zastaví, lososa vyjměte a položte na talíř. Přelijeme omáčkou. Podávejte se špenátem.

Pepřové mušle s čerstvým salátem

Doba přípravy + vaření: 55 minut | Stravování: 4

Ingredience

1 libra hřebenatek
1 lžička česnekového prášku
½ lžičky cibulového prášku
½ lžičky papriky
¼ lžičky kajenského pepře
Sůl a černý pepř podle chuti

Salát

3 šálky kukuřičných zrn
½ litru rozpůlených cherry rajčat
1 na kostičky nakrájená červená paprika
2 lžíce nasekané čerstvé petrželky

Oblékání

1 lžíce čerstvé bazalky
1 citron na čtvrtky

Instrukce

Připravte si vodní lázeň a umístěte do ní Sous Vide. Nastavte na 122F.

Vložte mušle do vakuově uzavíratelného sáčku. Dochuťte solí a pepřem. V misce smíchejte česnekový prášek, papriku, cibulový prášek a kajenský pepř. Nalít. Uvolněte vzduch pomocí metody vytlačení vody, utěsněte a ponořte sáček do vodní lázně. Vařte 30 minut.

Mezitím předehřejte troubu na 400 F. Vložte kukuřičná zrna a červenou papriku do pekáče. Pokapejte olivovým olejem a dochuťte solí a pepřem. Vařte 5-10 minut. Přendejte do mísy a smíchejte s petrželkou. Ingredience na zálivku dobře promícháme v míse a nalijeme na kukuřičná zrna.

Když se časovač zastaví, vyjměte sáček a přeneste jej na horkou pánev. Smažíme 2 minuty z každé strany. Podáváme na talíři, mušle a salát. Ozdobte bazalkou a kolečkem citronu.

Lahodné mušle s mangem

Doba přípravy + vaření: 50 minut | Stravování: 4

Ingredience

1 libra velkých hřebenatek

1 lžíce másla

<u>omáčka</u>

1 polévková lžíce citronové šťávy

2 lžíce olivového oleje

<u>Vyzdobit</u>

1 lžíce limetkové kůry

1 lžíce pomerančové kůry

1 šálek nakrájeného manga

1 na tenké plátky nakrájená paprika Serrano

2 lžíce nasekaných lístků máty

Instrukce

Vložte mušle do vakuově uzavíratelného sáčku. Dochuťte solí a pepřem. Necháme přes noc vychladit v lednici. Připravte si vodní lázeň a umístěte do ní Sous Vide. Nastavte na 122 F. Uvolněte vzduch pomocí metody vytlačení vody, utěsněte a ponořte sáček do vodní lázně. Vařte 15-35 minut.

Zahřejte pánev na střední teplotu. Ingredience na omáčku dobře promíchejte v misce. Když se časovač zastaví, vyjměte mušle a přendejte na pánev a opékejte, dokud nezhnědnou. Podávejte na talíři. Zalijeme omáčkou a přidáme přísady na ozdobu.

Pórek a krevety s hořčičným vinaigrettem

Doba přípravy + vaření: 1 hodina 20 minut | Stravování: 4

měpřísady

6 npor
5 lžic olivového oleje
Sůl a černý pepř podle chuti
1 šalotka, mletá
1 lžíce rýžového octa
1 lžička dijonské hořčice
1/3 libry vařené krevety
Nasekaná čerstvá petrželka

Instrukce

Připravte si vodní lázeň a umístěte do ní Sous Vide. Nastaveno na 183F.

Odřízněte vrchní část pórku a odstraňte spodní části. Opláchněte je ve studené vodě a pokapejte 1 lžící olivového oleje. Dochuťte solí a pepřem. Vložte do vakuově uzavíratelného sáčku. Uvolněte vzduch pomocí metody vytlačení vody, utěsněte a ponořte sáček do vodní lázně. Vařte 1 hodinu.

Mezitím na vinaigrette smíchejte v misce šalotku, dijonskou hořčici, ocet a 1/4 šálku olivového oleje. Dochuťte solí a pepřem. Když se časovač zastaví, vyjměte sáček a přeneste jej do lázně s ledovou vodou. Necháme vychladnout. Pórek dejte na 4 talíře a posypte solí. Přidejte krevety a nalijte na vinaigrette. Ozdobte petrželkou.

Kokosová polévka s krevetami

Doba přípravy + vaření: 55 minut | Stravování: 6

Ingredience

8 velkých syrových krevet, oloupaných a zbavených jader

1 lžíce másla

Sůl a černý pepř podle chuti

<u>Na polévku</u>

1 libra cukety

4 lžíce limetkové šťávy

2 žluté cibule, nakrájené

1-2 malé červené chilli papričky nakrájené nadrobno

1 stonek citronové trávy, pouze bílá část, nakrájený

1 lžička krevetové pasty

1 lžička cukru

1½ šálku kokosového mléka

1 lžička tamarindové pasty

1 šálek vody

½ šálku kokosové smetany

1 polévková lžíce rybí omáčky

2 lžíce čerstvé bazalky, nasekané

Instrukce

Připravte si vodní lázeň a umístěte do ní Sous Vide. Nastavte na 142 F. Vložte krevety a máslo do vakuově uzavíratelného sáčku. Dochuťte solí a pepřem. Uvolněte vzduch pomocí metody vytlačení vody, utěsněte a ponořte sáček do vodní lázně. Vařte 15-35 minut.

Mezitím oloupejte cukety a odstraňte semínka. Nakrájejte na kostky. Do kuchyňského robota přidejte cibuli, citronovou trávu, chilli, krevetovou pastu, cukr a 1/2 šálku kokosového mléka. Míchejte do kaše.

Na mírném ohni rozehřejte pánev a vmíchejte cibulovou směs, zbývající kokosové mléko, tamarindovou pastu a vodu. Přidejte cuketu a vařte 10 minut.

Když se časovač zastaví, vyjměte krevety a vložte je do vývaru. Všlehejte kokosovou smetanu, limetkovou šťávu a bazalku. Podávejte v polévkových miskách.

Medový losos s nudlemi Soba

Doba přípravy + vaření: 40 minut | Stravování: 4

Ingredience

Losos

6 oz filety z lososa, kůže
Sůl a černý pepř podle chuti
1 lžička sezamového oleje
1 šálek olivového oleje
1 polévková lžíce čerstvého zázvoru, nastrouhaného
2 lžíce medu

Sezamový pokoj

4 oz suché nudle soba
1 polévková lžíce oleje z hroznových jader
2 stroužky česneku, nakrájené
½ hlávky květáku
3 polévkové lžíce tahini
1 lžička sezamového oleje
2 lžíce olivového oleje
¼ limetky ve šťávě
1 nakrájená nať zelená cibule
¼ šálku koriandru, nahrubo nasekaného
1 lžička praženého máku

Plátky limetky na ozdobu

Sezamová semínka na ozdobu

2 lžíce nasekaného koriandru

Instrukce

Připravte si vodní lázeň a umístěte do ní Sous Vide. Nastavte na 123 F. Ochuťte lososa solí a pepřem. V misce smíchejte sezamový olej, olivový olej, zázvor a med. Vložte lososa a směs do vakuově uzavíratelného sáčku. Dobře protřepat. Uvolněte vzduch pomocí metody vytlačení vody, utěsněte a ponořte sáček do vodní lázně. Vařte 20 minut.

Mezitím si připravte soba nudle. Hroznový olej rozehřejte na pánvi na vysokou teplotu a smažte květák a česnek po dobu 6-8 minut. V misce dobře promíchejte tahini, olivový olej, sezamový olej, limetkovou šťávu, koriandr, zelenou cibulku a opražená sezamová semínka. Nudle sceďte a přidejte ke květáku.

Zahřejte pánev na vysokou teplotu. Přikryjeme pečícím papírem. Když se časovač zastaví, vyjměte lososa a přesuňte ho na pánev. Smažte 1 minutu. Nudle naservírujte do dvou misek a přidejte lososa. Ozdobte měsíčky limetky, mákem a koriandrem.

Gurmánský humr s majonézou

Doba přípravy + vaření: 40 minut | Stravování: 2

Ingredience

2 humří ocasy

1 lžíce másla

2 sladké cibule, nakrájené

3 lžíce majonézy

Sůl podle chuti

Špetka černého pepře

2 lžičky citronové šťávy

Instrukce

Připravte si vodní lázeň a umístěte do ní Sous Vide. Nastaveno na 138F.

Zahřívejte vodu v hrnci na vysokou teplotu, dokud se nevyvaří. Otevřete skořápky humřího ocasu a ponořte je do vody. Vařte 90 sekund. Přeneste do ledové vodní lázně. Nechte 5 minut vychladnout. Rozlomte skořápky a odstraňte ocasy.

Ocasy s máslem vložte do vakuově uzavřeného sáčku. Uvolněte vzduch pomocí metody vytlačení vody, utěsněte a ponořte sáček do vodní lázně. Vařte 25 minut.

Když se časovač zastaví, odstraňte ocasy a osušte je. Posaďte se stranou. Nechte 30 minut vychladnout. V misce smícháme majonézu, sladkou cibuli, pepř a citronovou šťávu. Tuřín nakrájíme, přidáme k majonézové směsi a dobře promícháme. Podáváme s opečeným chlebem.

Party koktejl s krevetami

Doba přípravy + vaření: 40 minut | Stravování: 2

Ingredience

1 libra krevet, oloupaných a zbavených

Sůl a černý pepř podle chuti

4 polévkové lžíce čerstvého kopru, nasekaného

1 lžíce másla

4 lžíce majonézy

2 lžíce zelené cibule, mleté

2 lžičky čerstvě vymačkané citronové šťávy

2 lžičky rajčatového protlaku

1 lžíce tabasco omáčky

4 podlouhlé rohlíky

8 listů salátu

½ citronu, nakrájíme na měsíčky

Instrukce

Připravte si vodní lázeň a umístěte do ní Sous Vide. Nastavte na 149 F. Pro dochucení dobře promíchejte majonézu, zelenou cibulku, citronovou šťávu, rajčatový protlak a omáčku Tabasco. Dochuťte solí a pepřem.

Vložte krevety a koření do vakuově uzavíratelného sáčku. Do každého zábalu přidejte 1 lžíci kopru a 1/2 lžíce másla. Uvolněte vzduch pomocí metody vytlačení vody, utěsněte a ponořte sáček do vodní lázně. Vařte 15 minut.

Předehřejte troubu na 400 F. a pečte 15 minut. Když se časovač zastaví, vyjměte sáček a vypusťte. Krevety dejte do misky s dresinkem a dobře promíchejte. Podáváme na rolkách citronového salátu.

Herby Lemon Losos

Doba přípravy + vaření: 45 minut | Stravování: 2

Ingredience

2 filety lososa bez kůže

Sůl a černý pepř podle chuti

¾ šálku extra panenského olivového oleje

1 šalotka, nakrájená na tenké kroužky

1 lžíce bazalkových lístků, lehce nasekaných

1 lžička nového koření

3 oz smíšené zelené

1 citron

Instrukce

Připravte si vodní lázeň a umístěte do ní Sous Vide. Nastaveno na 128F.

Lososa vložíme a ochutíme solí a pepřem do vakuově uzavíratelného sáčku. Přidejte kolečka šalotky, olivový olej, nové koření a bazalku. Uvolněte vzduch pomocí metody vytlačení vody, utěsněte a ponořte sáček do vodní lázně. Vařte 25 minut.

Když se časovač zastaví, vyjměte sáček a přeneste lososa na talíř. Smíchejte šťávu z vaření s trochou citronové šťávy a navrch přidejte filety lososa. Sloužit.

Ocasy slaného másla humra

Příprava + doba vaření: 1 hodina 10 minut | Stravování: 2

Ingredience

8 lžic másla

2 humří ocasy, skořápky odstraněny

2 snítky čerstvého estragonu

2 polévkové lžíce šalvěje

Sůl podle chuti

Plátky citronu

Instrukce

Připravte si vodní lázeň a umístěte do ní Sous Vide. Nastaveno na 134F.

Vložte humří ocasy, máslo, sůl, šalvěj a estragon do uzavíratelného sáčku. Uvolněte vzduch pomocí metody vytlačení vody, utěsněte a ponořte sáček do vodní lázně. Vařte 60 minut.

Když se časovač zastaví, vyjměte sáček a přeneste humra na talíř. Navrch potřeme máslem. Ozdobte plátky citronu.

Thajský losos s květákem a vaječnými nudlemi

Doba přípravy + vaření: 55 minut | Stravování: 2

Ingredience

2 filety lososa s kůží

Sůl a černý pepř podle chuti

1 lžíce olivového oleje

4½ lžíce sójové omáčky

2 lžíce mletého čerstvého zázvoru

2 na tenké plátky nakrájené thajské chilli papričky

6 lžic sezamového oleje

4 oz připravené vaječné nudle

6 uncí vařených květákových růžic

5 lžiček sezamových semínek

Instrukce

Připravte si vodní lázeň a umístěte do ní Sous Vide. Nastavte na 149 F. Připravte si plech vyložený alobalem a položte lososa, ochuťte solí a pepřem a přikryjte další alobalem. Pečeme v troubě 30 minut.

Upečeného lososa vyjměte do vakuově uzavíratelného sáčku. Uvolněte vzduch pomocí metody vytlačení vody, utěsněte a ponořte sáček do vodní lázně. Vařte 8 minut.

V misce smíchejte zázvor, chilli, 4 lžíce sójové omáčky a 4 lžíce sezamového oleje. Když se časovač zastaví, vyjměte sáček a přesuňte lososa do misky s nudlemi. Ozdobte opečenými semínky a kůží z lososa. Pokapeme zázvorovo-chili omáčkou a podáváme.

Světlý mořský okoun s koprem

Doba přípravy + vaření: 35 minut | Stravování: 3

Ingredience

1 libra chilského mořského vlka bez kůže
1 lžíce olivového oleje
Sůl a černý pepř podle chuti
1 lžíce kopru

Instrukce

Připravte si vodní lázeň a umístěte do ní Sous Vide. Nastavte na 134 F. Mořského vlka ochuťte solí a pepřem a vložte do vakuově uzavíratelného sáčku. Přidejte kopr a olivový olej. Uvolněte vzduch pomocí metody vytlačení vody, utěsněte a ponořte sáček do vodní lázně. Vařte 30 minut. Když se časovač zastaví, vyjměte sáček a přeneste mořského vlka na talíř.

Sladká chilli kreveta restovaná

Doba přípravy + vaření: 40 minut | Stravování: 6

Ingredience

1½ libry krevet

3 sušené červené chilli papričky

1 lžíce strouhaného zázvoru

6 stroužků česneku, rozdrcených

2 lžíce šampaňského vína

1 polévková lžíce sojové omáčky

2 lžíce cukru

½ lžičky kukuřičného škrobu

3 zelené cibule, nakrájené

Instrukce

Připravte si vodní lázeň a umístěte do ní Sous Vide. Nastavte na 135F.

Smíchejte zázvor, stroužky česneku, chilli, šampaňské, cukr, sójovou omáčku a kukuřičný škrob. Oloupané krevety se směsí vložíme do vakuově uzavřeného sáčku. Uvolněte vzduch pomocí metody vytěsňování vody, utěsněte a ponořte do vodní lázně. Vařte 30 minut.

Umístěte zelenou cibuli do pánve na střední teplotu. Přidejte olej a vařte 20 sekund. Když se časovač zastaví, vyjměte vařené krevety a vložte je do misky. Ozdobte cibulí. Podáváme s rýží.

Ovocné thajské krevety

Doba přípravy + vaření: 25 minut | Stravování: 4

Ingredience

2 libry krevet, oloupaných a zbavených žilek

4 kusy oloupané a nakrájené papáji

2 šalotky, nakrájené na plátky

¾ šálku cherry rajčat, rozpůlených

2 lžíce nasekané bazalky

¼ šálku pražených suchých arašídů

Thajský dresink

¼ šálku limetkové šťávy

6 lžic cukru

5 lžic rybí omáčky

4 stroužky česneku

4 malé červené chilli papričky

Instrukce

Připravte si vodní lázeň a umístěte do ní Sous Vide. Nastavte na 135 F. Vložte krevety do vakuově uzavíratelného sáčku. Uvolněte vzduch pomocí metody vytlačení vody, utěsněte a ponořte sáček do vodní lázně. Vařte 15 minut. V misce dobře promíchejte limetkovou šťávu, rybí omáčku a cukr. Česnek a chilli rozmačkáme. Přidejte do zálivkové směsi.

Když se časovač zastaví, vyjměte krevety ze sáčku a vložte je do misky. Přidejte papája, thajskou bazalku, šalotku, rajčata a arašídy. Glazura s dresinkem.

Citronové krevety v dublinském stylu

Doba přípravy + vaření: 1 hodina 15 minut | Stravování: 4

Ingredience

4 lžíce másla

2 lžíce limetkové šťávy

2 stroužky čerstvého česneku, nasekané

1 lžička čerstvé limetkové kůry

Sůl a černý pepř podle chuti

1 libra jumbo krevet, oloupaných a zbavených

½ šálku panko strouhanky

1 lžíce čerstvé petrželky, nasekané

Instrukce

Připravte si vodní lázeň a umístěte do ní Sous Vide. Nastavte na 135F.

Na pánvi rozehřejte 3 lžíce másla na středním plameni a přidejte limetkovou šťávu, sůl, pepř, česnek a kůru. Nechte 5 minut vychladnout. Vložte krevety a směs do vakuově uzavřeného sáčku. Uvolněte vzduch pomocí metody vytlačení vody, utěsněte a ponořte sáček do vodní lázně. Vařte 30 minut.

Mezitím rozehřejte máslo na pánvi na středním ohni a opečte panko strouhanku. Když se časovač zastaví, vyjměte krevety a přeneste je do horkého hrnce na vysokou teplotu a vařte se šťávou z vaření. Podáváme ve 4 polévkových miskách a posypeme strouhankou.

Šťavnaté mušle s chilli česnekovou omáčkou

Doba přípravy + vaření: 75 minut | Stravování: 2

Ingredience

2 lžíce žlutého kari
1 polévková lžíce rajčatového protlaku
½ šálku kokosové smetany
1 lžička chilli česnekové omáčky
1 polévková lžíce citronové šťávy
6 hřebenatek
Vařená hnědá rýže, k podávání
Čerstvý koriandr, nasekaný

Instrukce

Připravte si vodní lázeň a umístěte do ní Sous Vide. Nastaveno na 134F.

Smíchejte kokosovou smetanu, rajčatový protlak, kari, limetkovou šťávu a chilli-česnekovou omáčku. Vložte směs mušlí do vakuově uzavřeného sáčku. Uvolněte vzduch pomocí metody vytlačení vody, utěsněte a ponořte sáček do vodní lázně. Vařte 60 minut.

Když se časovač zastaví, vyjměte sáček a přeneste na talíř. Podáváme s hnědou rýží a poklademe mušlemi. Ozdobte koriandrem.

Kari krevety s nudlemi

Doba přípravy + vaření: 25 minut | Stravování: 2

Ingredience

1 libra krevet, s ocasem

8 oz nudle nudle, vařené a okapané

1 lžička rýžového vína

1 lžička kari

1 polévková lžíce sojové omáčky

1 zelená cibule, nakrájená na plátky

2 polévkové lžíce rostlinného oleje

Instrukce

Připravte si vodní lázeň a umístěte do ní Sous Vide. Nastavte na 149 F. Vložte krevety do vakuově uzavíratelného sáčku. Uvolněte vzduch pomocí metody vytlačení vody, utěsněte a ponořte sáček do vodní lázně. Vařte 15 minut.

Na pánvi na středním plameni rozehřejte olej a přidejte rýžové víno, kari a sójovou omáčku. Dobře promíchejte a spojte nudle. Když se časovač zastaví, vyjměte krevety a vložte je do směsi nudlí. Ozdobte zelenou cibulkou.

Lahodná krémová treska s petrželkou

Doba přípravy + vaření: 40 minut | Stravování: 6

Ingredience

Pro tresky

6 filetů tresky

Sůl podle chuti

1 lžíce olivového oleje

3 snítky čerstvé petrželky

Na omáčku

1 šálek bílého vína

1 šálek půl na půl smetany

1 nadrobno nakrájenou bílou cibuli

2 lžíce nasekaného kopru

2 lžičky černého pepře

Instrukce

Připravte si vodní lázeň a umístěte do ní Sous Vide. Nastaveno na 148F.

Filety tresky ochucené solí vložte do vakuově uzavíratelných sáčků. Přidejte olivový olej a petrželku. Uvolněte vzduch pomocí metody vytlačení vody, utěsněte a ponořte sáček do vodní lázně. Vařte 30 minut.

Rozpálíme pánev na středním plameni, přidáme víno, cibuli, černý pepř a vaříme do změknutí. Vmíchejte půl na půl smetany, dokud nezhoustne. Když se časovač zastaví, položte ryby na talíře a pokapejte je omáčkou.

Francouzský Pot de Rillettes s lososem

Doba přípravy + vaření: 2 hodiny 30 minut | Stravování: 2

Ingredience

½ kila filetů z lososa bez kůže
1 lžička mořské soli
6 lžic másla
1 cibule, nakrájená
1 stroužek česneku, nasekaný
1 lžíce limetkové šťávy

Instrukce

Připravte si vodní lázeň a umístěte do ní Sous Vide. Nastavte na 130 F. Vložte lososa, nesolené máslo, mořskou sůl, stroužky česneku, cibuli a citronovou šťávu do uzavíratelného sáčku. Uvolněte vzduch pomocí metody vytlačení vody, utěsněte a ponořte sáček do vodní lázně. Vařte 20 minut.

Když se časovač zastaví, lososa vyjměte a přendejte do 8 malých misek. Dochuťte šťávou z vaření. Dáme na 2 hodiny vychladit do lednice. Podáváme s plátky toastového chleba.

Šalvějový losos s kokosovou bramborovou kaší

Doba přípravy + vaření: 1 hodina 30 minut | Stravování: 2

Ingredience

2 filety lososa, kůže

2 lžíce olivového oleje

2 snítky šalvěje

4 stroužky česneku

3 brambory, oloupané a nakrájené na plátky

¼ šálku kokosového mléka

1 svazek duhového mangoldu

1 lžíce strouhaného zázvoru

1 polévková lžíce sojové omáčky

Mořská sůl podle chuti

Instrukce

Připravte si vodní lázeň a umístěte do ní Sous Vide. Nastavte na 122 F. Vložte lososa, šalvěj, česnek a olivový olej do vakuově uzavíratelného sáčku. Uvolněte vzduch pomocí metody vytlačení vody, utěsněte a ponořte sáček do vodní lázně. Vařte 1 hodinu.

Předehřejte troubu na 375 F. Brambory potřete olejem a pečte 45 minut. Brambory přendejte do mixéru a přidejte kokosové mléko. Dochuťte solí a pepřem. Mixujte 3 minuty do hladka.

Na pánvi na středním plameni rozehřejte olivový olej a orestujte na něm zázvor, mangold a sójovou omáčku.

Když se časovač zastaví, vyjměte lososa a přesuňte ho na rozpálenou pánev. Smažte 2 minuty. Přendejte na talíř, přidejte bramborovou kaši a posypte dřevěným uhlím pro podávání.

Miska na chobotnici Dill Baby

Doba přípravy + vaření: 60 minut | Stravování: 4

Ingredience

1 libra mladá chobotnice

1 lžíce olivového oleje

1 polévková lžíce čerstvě vymačkané citronové šťávy

Sůl a černý pepř podle chuti

1 lžíce kopru

Instrukce

Připravte si vodní lázeň a umístěte do ní Sous Vide. Nastavte na 134 F. Umístěte chobotnici do vakuově uzavíratelného sáčku. Uvolněte vzduch pomocí metody vytlačení vody, utěsněte a ponořte sáček do vodní lázně. Vařte 50 minut. Když se časovač zastaví, vyjměte chobotnici a osušte ji. Smíchejte chobotnici s trochou olivového oleje a citronové šťávy. Dochuťte solí, pepřem a koprem.

Solený losos v holandské omáčce

Doba přípravy + vaření: 1 hodina 50 minut | Stravování: 4

měpřísady

4 filety z lososa
Sůl podle chuti

holandská omáčka
4 lžíce másla
1 žloutek
1 lžička citronové šťávy
1 lžička vody
½ šalotky nakrájené na kostičky
Špetka papriky

Instrukce

Lososa osolíme. Nechte 30 minut vychladnout. Připravte si vodní lázeň a umístěte do ní Sous Vide. Nastavte na 148 F. Vložte všechny přísady omáčky do vakuově uzavíratelného sáčku. Uvolněte vzduch pomocí metody vytlačení vody, utěsněte a ponořte sáček do vodní lázně. Vařte 45 minut.

Když se časovač zastaví, vyjměte sáček. Odložit stranou. Snižte teplotu Sous Vide na 120 F a vložte lososa do vakuově uzavíratelného sáčku. Uvolněte vzduch pomocí metody vytlačení vody, utěsněte a ponořte sáček do vodní lázně. Vařte 30 minut. Přeneste omáčku do mixéru a rozmixujte do světle žluté barvy. Když se časovač zastaví, lososa vyjměte a osušte. Podáváme přelité omáčkou.

Nádherný citronový losos s bazalkou

Doba přípravy + vaření: 35 minut | Stravování: 4

Ingredience

2 libry lososa
2 lžíce olivového oleje
1 lžíce nasekané bazalky
Kůra z 1 citronu
Šťáva z 1 citronu
¼ lžičky česnekového prášku
Mořská sůl a černý pepř podle chuti

Instrukce

Připravte si vodní lázeň a umístěte do ní Sous Vide. Nastavte na 115 F. Vložte lososa do vakuově uzavíratelného sáčku. Uvolněte vzduch pomocí metody vytlačení vody, utěsněte a ponořte sáček do vodní lázně. Vařte 30 minut.

Mezitím v misce dobře promíchejte pepř, sůl, bazalku, citronovou šťávu a česnekový prášek, dokud nezemulgují. Když se časovač zastaví, lososa vyjměte a položte na talíř. Šťávy na vaření uložte. Na pánvi rozehřejte olivový olej na vysokou teplotu a opečte plátky česneku. Česnek dejte stranou. Přidejte lososa do pánve a vařte 3 minuty dozlatova. Přikryjeme a poklademe plátky česneku.

www.ingramcontent.com/pod-product-compliance
Lightning Source LLC
Chambersburg PA
CBHW071425080526
44587CB00014B/1745